节日礼仪

一本书重温大美中华传统节日礼仪

韩玉龙 编

朝华出版社
BLOSSOM PRESS

图书在版编目（CIP）数据

　　节日礼仪：一本书重温大美中华传统节日礼仪 ／ 韩玉龙编 . -- 北京 ： 朝华出版社，2023.1
　　ISBN 978-7-5054-5012-7

　　Ⅰ．①节… Ⅱ．①韩… Ⅲ．①节日－礼仪－风俗习惯－中国－通俗读物 Ⅳ．① K892.26-49

　　中国版本图书馆 CIP 数据核字（2022）第 000618 号

节日礼仪：一本书重温大美中华传统节日礼仪

作　　者	韩玉龙	
选题策划	未来趋势	
责任编辑	刘冰远	
责任印制	陆竞赢　崔　航	
装帧设计	刘昌凤	

出版发行　朝华出版社
社　　址　北京市西城区百万庄大街 24 号　　　　**邮政编码**　100037
订购电话　（010）68996061　68995512
传　　真　（010）88415258（发行部）
联系版权　zhbq@cipg.org.cn
网　　址　http://zhcb.cipg.org.cn
印　　刷　三河市元兴印务有限公司
经　　销　全国新华书店
开　　本　660mm×960mm　1/16　　　　　**字　　数**　198 千字
印　　张　15
版　　次　2023 年 1 月第 1 版　2023 年 1 月第 1 次印刷
装　　别　平
书　　号　ISBN 978-7-5054-5012-7
定　　价　59.80 元

重温最美节日，学习传统礼仪

节日，是人类社会为满足物质文明与精神生活的需要，而创造出来的一种带有礼仪形式特点的文化现象。

每个国家、每个民族都有自己独特的节日，每逢节日来临之际，人们往往会通过各种方式加以庆祝，比如举行合家团聚、燃放焰火、盛装表演等仪式，以享人间亲情和节庆之乐；或者通过祭奠的方式，以表对逝者的哀思。节日礼仪就是人们在节日时所遵循的标准与行为规范。践行节日礼仪，其过程具有深刻的社会意义。

◇ 节日礼仪凝结着古老而丰富的文化内涵

在人类社会的历史长河中，人类先祖用劳动和智慧创造了光辉灿烂的文化。出于满足生产生活的需要和精神享受的需求，人类从远古时期就设立了具有严格仪式程序和丰富内容的节日。这些传统节日的设定，或是出于宗教信仰，如中元节、浴佛节、圣诞节；或是出于岁时历法，如清明节、重阳节、冬至节；或出于人物纪念，如母亲节、端午节等。千百年来，传统的节日庆典活动，之所以能一代传一代，体现着民族特色和人文精神，具有长久不衰的生命力，其中一个重要的原因，就是规范而有序的节日礼仪的加持。

中国是文明古国，传统节日的礼仪有着悠久的历史，春节要向父母感恩，清明要祭奠先祖，中秋要游子归乡，重阳要尊老敬老……可见，传统节日礼仪的文化意义，就是让人们在欢度节日时，感受到文明的熏陶与精神的力量。

◇ 节日礼仪体现着深邃而重要的社会价值

文化是一个民族、一个国家的传统优势和精神财富，一个缺少文化的民族很难自主，一个没有文化的国家缺少希望。节日通过礼仪表现出各具特色的文化，显示出强大的民族凝聚力与重要的社会价值。

首先，讲究节日礼仪有利于文化的传承。各国的节日都带有本国鲜明的文化特色，很多地域的节庆活动，经过多年的传承更是成为别具一格的民族文化。如中国的元宵节闹花灯、端午节赛龙舟，巴西的狂欢节跳桑巴舞，美国的感恩节设感恩宴，这些节日早已超越了人们娱悦自我的低层次需求，而变成了一种民族文化的教育普及活动，变成了一代代人们薪火相传的盛大仪式。

其次，讲究节日礼仪有利于民族团结。以中国传统节日为例，每一个节日都展示了浓浓的乡情与亲情，如重阳节、中秋节等。自古以来，中华民族就是通过每年的传统节日增进亲友感情，促进邻里和睦与整个民族的大团结。有很多节日，其特殊的礼节仪式和礼仪要求，更是积淀了浓厚的爱国热情，成为进行爱国主义教育的特别方式，具有加强公民道德建设、激励爱国心的社会功效。

每个国家的节日礼仪，都烙上了不忘根本的文化印迹。我们更要传承和保护中华民族的文化，不可忽视节日礼仪。只有善于汲取节日礼仪中的文化精华，让中华传统礼仪的精髓世代传承，才能让中华文化熠熠生辉。

第一章
春节的节日礼仪

目录

第二章

元宵节的节日礼仪

目录

第三章
清明节的节日礼仪

目录

？

第四章
端午节的节日礼仪

目录

第五章
七夕节的节日礼仪

目录

第六章
中元节的节日礼仪

目录

第七章
中秋节的节日礼仪

目录

第八章
重阳节的节日礼仪

目录

第九章
冬至的节日礼仪

目录

第十章
腊八节的节日礼仪

目录

10

第十一章
我国少数民族的重要节日礼仪

11

目录

目录

第一章

春节的节日礼仪

01

—

春节有什么来历？

春节即农历的正月初一，是中华民族最隆重的传统佳节。每当春节，节日的热烈气氛就会洋溢在各家各户，充满各地的大街小巷。一些地方的街市还会开展舞狮子、耍龙灯、演社火、游花市、逛庙会等活动。这期间，花灯满城，游人满街，热闹非凡，盛况空前，一直闹到正月十五元宵节过后，春节才算真正结束。

"年"在甲骨文和金文中，是果实丰收、谷穗成熟的意思。关于"年"，传说它原是太古时候一种凶猛的怪兽，每到寒冬将尽、新年快到之时，它就出来掠食噬人。人们为了防御它，就聚在一起，燃起熊熊的篝火，投入竹子，使其发出噼噼啪啪的爆裂声，"年"果然被吓走了。于是大家便高兴地相互祝贺，以丰盛的食物聚餐。这样年复一年便形成了一个欢乐的节日，久而久之，农历新年便成为我国重要的节日。

除夕，民间又叫"年三十"，指一年里的最后一天，除夕的"除"字，原意是"辞（除）别"，所以除夕又叫"岁除"。过去过春节，有驱邪和驱穷的迷信活动，人们在门户上贴鸡图、悬苇、挂桃符、贴门神图、贴挂签等，后来，这些活动逐渐发展为贴年画和挂春联等辞旧迎新、增添节日气氛的喜庆活动。

"春节"这一词，在不同的历史时期，还有不同的特指。汉朝时，人们把二十四节气的第一个立春称为"春节";南北朝时,人们把整个春季叫"春节";1949年,中国人民政治协商会议通过使用世界上通用的公历纪元,把阳历的一月一日定为元旦,为新年。

春节一般指除夕和正月初一。但在民间,传统意义上的春节是指从腊月初八的腊祭或腊月二十三的祭灶,一直到正月十五,其中以除夕和正月初一为高潮。在春节这一传统节日期间,我国的汉族和大多数少数民族都要举行各种活动以示庆祝。这些活动均以祭祀神佛、祭奠祖先、除旧布新、迎春接福、祈求丰年为主要内容,带有浓郁的民族特色。

春节也是亲人团聚的节日,离家的孩子此时都会不远千里回到父母身边。过年的前一夜叫团圆夜,家人们要围坐在一起包饺子。包饺子需要先和面,"和"字就是"合",饺子的"饺"与"交"谐音,"合"和"交"都有相聚之意,所以人们常用饺子来象征团聚。

02

—

春节有哪些礼仪风俗？

◇ 送灶神

　　虽然正月初一才是春节，但是一进入头年的腊月（农历十二月），人们便开始做过年的准备了。腊月二十三就是小年，也叫祭灶。传说灶神在这一天的晚上升天，向玉皇大帝汇报各家情况。因此，每家每户都有送灶神的习俗，人们将灶神供奉于灶头，在家备上酒菜点心献祭灶神，希望灶神能替自己美言几句，以求来年得福避祸。

　　在黄河流域诸省，送灶还要准备些糖瓜、清水草豆之类的东西。糖瓜是给灶神吃的，清水草豆则是为灶神的马匹准备的。祭毕，将灶神请下，到除夕日再行接灶供奉。祭灶，在一些地方也称过小年，要燃放鞭炮，还有吃饺子和年糕的习俗。

◇ 扫年礼俗

　　扫年即大扫除。进入腊月之后，家家户户都要把自家的房屋院落打扫干净。扫年象征着要扫去过去的晦气、霉气、穷气，以整洁、清新的面貌迎接新的一年。"腊月二十四，掸尘扫房子"，掸尘的习俗反映出我国劳动人民勤劳、爱清洁、讲卫生的美德。

　　扫年在唐宋时期就相当流行了，当时叫"扫房"，也叫作"扫尘""扫年"。今天，扫尘日不限定在腊月二十四日这天，年尾的任何一天都可以，不仅是扫除那些平时不易扫到的地方，如房屋顶部，也要清除道路上的垃圾，以便来来往往的"拜年客"行走，还要洗涤所有用具，以一派干干净净的面貌迎接新春的到来。

◇ 置办年货

俗语讲："二十五，掉尘土，糊窗户，磨豆腐。"也就是说，年前卫生大扫除搞好了，家家户户就要开始置办年货了。

旧时购办年货要三步走：第一先请接神祭祖的用品，如香炉、高香、供品、纸张等；第二要准备年礼，也就是送给亲朋好友的年节礼品，如烟、酒、糖、茶、点心匣子等；第三是年饭年菜，主食和副食，如鸡、鸭、鱼、肉、蛋、花生、瓜子、蜜饯杂拌儿等。无论是富人家还是穷人家，不管年货备多少，最后一定要买几斤荸荠，其意是年货已备办齐全（因"荸荠"与"备齐"谐音），取个吉利。

◇ 贴春联、年画、门神、窗花等

春节，家家户户都要贴春联、年画、门神、窗花等，各个地方的风俗略有不同，但都是为了辞旧迎新、驱邪避凶，求得来年的吉祥平安。

◇ 吃年夜饭与除旧守岁

除夕全家人要聚在一起吃一顿年夜饭。一般在北方，这顿饭要吃饺子，而在南方，则有各式各样的菜色。

旧时除夕夜，家家户户还会团聚在一起通宵守岁，今天人们则多选择守岁到凌晨，既有守岁的仪式，同时又避免过度熬夜而伤害身体。

◇ 送财神与开财门

祈求财运是自古以来人们的共同心理。在春节期间，旧时有送财神和开财门的习俗。

相传，每年正月初一都有一个大吉大利的方位，即喜神、财神、贵神所在的方位。俗信初一出门，朝财神、喜神方向走，就能发财，一年都会遇到喜事。这种信仰至今在民间仍有流传。另外，人们还认为正月初二是财神节，这天早晨，就有小贩挨家串户"送"财神像，为讨吉利，大多数人家都乐意花点儿钱。若不要时，只能答"已有"，忌讳答"不要"。据传，财神之一是道家所奉诸神中的虚构人物，名赵公明，又叫赵玄坛，俗称赵公元帅或赵公菩萨，善"除瘟剪疾，保康禳灾，主持公道，求神如意"。所以，民间正月初二都要祭财神，以鸡、活鲤鱼等供奉。有些地方还要在这天吃馄饨，因馄饨形似元宝，可讨吉利。正月初二清早，旧时也称"开财门"，家家都要燃放鞭炮，商人燃放的烟花鞭炮更要热烈些。

03

贴春联、年画、窗花等有哪些礼俗讲究?

◇ **贴春联**

春联,又名对联、门对,古时有"桃符""门贴"之称。春节前夕,人们大都以红纸写下吉语佳言,贴在门上或墙壁上,含有避邪驱凶、以期来年吉祥的意思,增加了春节的欢乐气氛。

春联同年画一样起源于"桃符",起始是在桃木板上书门神名字、吉语置于门的两边。一般认为,五代时后蜀皇帝孟昶所作的"新年纳余庆,嘉节号长春"是我国的第一副对句春联。也有人据莫高窟藏经洞出土的敦煌遗书,认为春联最早出现在唐代。到了宋代,春联已经在民间普及了。明初,用红纸写春联作为一种形式,更是被正式肯定和推广。

比较历年的春联,可以清楚地看到人们不同的理想追求,反映出时代的发展变化。当代春联的突出特点是:赞美现实生活,憧憬美好未来。除常见的"福、寿、财、运"等春联外,更多的是关心国内外大事。选用或撰写春联,要注意针对性,因为不同家庭、不同行业的春联,在内容上是有所不同的。

◇ **贴年画**

年画是从古代的桃符发展而来的,古人信仰桃木能避邪驱鬼,所以,除夕这天，家家户户削桃木，上刻或画神荼、郁垒二神像，将之钉在或挂在大门之上，叫作"桃符""门神"。后来桃符发展为红纸制门神，并从张贴在门上扩展到张贴在窗户及其他许多地方。这种纸制年画，宋代叫"纸画"，明代叫"画贴"。

◇ 贴"福"字

春节贴"福"字，是我国由来已久的风俗。"福"字指福气、福运，寄托着人们对幸福生活的向往，对美好未来的祝愿。为了更充分地体现这种向往和祝愿，有的人干脆将"福"字倒过来贴，表示"幸福已到""福气已到"。民间还有将"福"字精描细做成各种图案的，有寿星、寿桃、鲤鱼跳龙门、五谷丰登、龙凤呈祥等。

◇ 贴门神

旧时，人们居家过日子，特别需要有看家护院的守门神。因为门户是宅院与外面世界相通的必经之处，便产生了对门户的崇拜，也就出现了门神。

春节贴门神除保家宅平安外，还增添了节日的喜庆热闹气氛，使人们踏踏实实地过个好年。

门神是我国出现最早的、流传最广的民间居家保护神。古代作为门神出现的神或人也有多种传说。

不管怎么讲，过年家家户户都要贴门神，是因为门神在人们的心中已成为具有驱邪魔、卫家宅、保平安、助功利、降吉祥等多种功能的居家保护神，深受老百姓的欢迎。

◇ 贴斗方

过年的时候，人们喜欢写斗方贴在家里，其实它也属于春联的一种。

斗方就是把一句吉祥话组合成一个字，写在方形红纸上，对角贴在屋内衣柜、墙上，寄托人们发家致富的追求和愿望。斗方是一种"吉祥符"，又称"团结字"，也可以算是一种书法艺术。

◇ 贴窗花

窗花就是剪纸，北方地区的百姓非常喜欢剪纸艺术。一到春节，妇女和姑娘们就开始剪窗花了。早年间还没有玻璃，她们把剪好的窗花贴在新糊的窗户纸上。白天透过阳光，从屋内向外看，晚上借着灯光，从屋外向里看，红色的窗花，十分好看。如把窗花贴在玻璃上，就更加显眼了。

关于过年贴窗花的民俗，古代就有"门窗贴红纸葫芦，逢节过岁收瘟疫"的说法。民间窗花是一种民居门楣的装饰，在年俗活动中的应用格外普遍，其目的主要是辞旧迎新，讨个吉祥。

窗花的题材十分广泛，有人物、花卉、走兽、文字吉祥等图案，而综合人、鸟、花、虫、文字于一幅画面的形式则更为多见。其中最有代表性的大概要算喜字窗花了。喜字窗花一般为新婚洞房而剪，而新年又是很多新人成婚的佳期，所以喜字窗花也就常作为新年装饰。喜字的原形，民间解释为"葫芦"，葫芦多籽多福，自古以来即是生命和生育的象征。

所以喜字这样一个又有葫芦形状，又代表喜庆含义的文字，自然成为窗花艺术的素材。喜字窗花一般都剪成"双喜"，除了剪出端正的喜字外，一般的双喜都是文字与花纹的结合。在喜字的图案处理上，人们各自显示出想象力，斑马虎头、石榴桃花、双鱼莲花、蝴蝶瓜藤、万年青、龙凤蝙蝠等各种形象都被用进喜字图案中，这些都是民间百姓日常生活中的爱恋、婚姻、生育、得子等喜事的象征，其画面精致巧妙，充满平和之气。

04

"门神"是怎么来的？

门神，即司门守卫之神。根据史料记载，周代的时候就已经出现了"祀门"的活动，而且是极为重要的一项典礼。上到天子，下到庶民，都要对门神加以礼敬。

我国最早的门神是东汉王充的《论衡》中所记载的神荼和郁垒。

相传神荼和郁垒原来住在东海的度朔山上，山上有一棵特别大的桃树。神荼和郁垒就站在大桃树树枝间的"鬼门"旁边，监视着那些从人间游荡归来的大鬼和小鬼。据说，鬼是能在夜间活动的，天亮之前，不等鸡叫就得跑回来，如果神荼和郁垒发现这些鬼中有谁在人间干了坏事，伤害了百姓，就会马上把这些恶鬼用芦苇绳子捆起来，然后送到山上去喂老虎。因此神荼和郁垒也就成了鬼最怕的神仙了。

在民间的不同地区，出现了多种多样的门神。其中还有燃灯道人、赵公明、马武、铫期、秦琼、尉迟恭、杨延昭、穆桂英、萧何、韩信以及岳飞等几十位门神。

05

我国各地春节有哪些特色食俗？

◇ 东北

东北地区的人们进入腊月后会先杀一头猪，请村里人吃一顿，以示庆祝，然后再包黏豆包、做豆腐。黏豆包多由大黄米面皮包上豆馅制成，几乎家家都做，多则上百斤，少的也有几十斤，可以吃上一个冬天。大年初一和初五，人们则喜欢吃饺子。

◇ 西北

西北不少地方的人吃饺子，饺子皮不是一个一个擀出来的，而是将面团擀成一个大面皮后用碗扣成的。这样扣出来的饺子皮不仅形状规整，而且操作便捷，大大节省了擀饺子皮的时间。

◇ 豫南

豫南一带除夕的年夜饭能一直吃到午夜，当新年的钟声敲响的时候，人们再端上一盘鱼，以示年年有余。初一早上，人们还将饺子和面条同煮着吃，面条代表钱串子，为发财之意，饺子则代表更岁交子，有招财进宝、团圆福禄之意。

◇ 上海

上海人大年初一喜吃汤圆、年糕、蜂糕、米糕、云片糕等，寓意"年年高""步步登高"。另外，吃黄豆芽（也叫"如意菜"）象征万事如意，吃发芽菜（用蚕豆泡发的）寓意发财。

◇ 四川

除夕时，四川人一般都吃火锅，初一早上则吃汤圆，意为团团圆圆。

◇ 湖南

湖南人除夕夜一般必吃的菜有鸡和鱼，鸡要求是雄鸡，整只清炖，装盘时要让其头昂起；鱼要选用白鲢，将其炖好后再在上面撒满红红的辣椒粉，象征年年有余、五谷丰登。

大年初一由一家之主准备早茶，将鸡蛋、爆米花、红枣、白糖同煮。鸡蛋象征全家团圆；爆米花象征鱼米丰收、五谷丰登；红枣、白糖象征生活甜蜜、幸福。

◇ 江浙

浙江绍兴称吃年饭为"分岁"，得有"十碗头"的菜，其中有几样富有地方特色，如处州绿笋是用泔水浸软，油煎后加酱油、醋煮，再以藕片加白果、红枣、红糖煮熟，名叫藕脯，这两样谓之"偶偶凑凑"，即偶然、凑巧之意，取其"逢凶化吉"的意思。

杭州、苏州等地的年夜饭，"蛋饺"是少不了的，这象征着"元宝"。还有肉丝炒笋丝，"丝丝齐齐"，即是诸事顺心、样样齐备的意思。肉丸一碗谓之"团团圆圆"。再有一碗猪头肉（叫"元宝肉"）、一碗酱蛋烧肉（酱蛋一定要每人一只，不能少了，谓之"子孙万代"），还有绝对不能少的一碗胖头鱼，端上之后，不能吃鱼头鱼尾，谓之"有头有尾"。"屠苏酒"是不论老少，不管善不善饮，都得抿上一点儿的，喝罢屠苏，满脸绯红，欢声笑语，春意盎然。

◇ 台湾

我国台湾省的居民把吃年夜饭叫作"围炉"，全家老少围坐在放有火锅的圆桌旁一起聚餐。桌上各样菜都得吃点，平日不喝酒的也得喝上一口。每样菜亦很有意思：鱼圆（丸），象征团圆。萝卜"菜头"，意为"好彩头"。金鸡的"鸡"台湾话谐音为"家"，即"食鸡起家"。一些食物因为经油煎火炸，以示"家运兴旺"。蚶在闽南语中解作"胖"，吃蚶取意"发财发福"。"围炉"时的蔬菜是不用刀切的，洗净连根煮熟，吃时亦不咬断，而是从头到尾慢慢吃进肚里，有祝福父母长寿之意。

06

守岁的习俗是什么样的？

除夕是指每年农历一年最后一天的夜晚，也指农历一年的最后一天，与春节（正月初一）首尾相连。除夕中的"除"字是"去、易、交替"的意思，除夕的意思是"月穷岁尽"，人们都要除旧布新，有旧岁至此而除、来年另换新岁的意思。

除夕之夜，前半夜是旧年年尾，后半夜却是新年年头，"守岁"就是清醒地经历那"一夜连双岁，五史分二年"的一刹那。可以说，守岁是过年的中心和高潮。

旧时守岁夜，有不少礼俗活动，如贴春联、剪窗花、贴年画，要泡第二天给全家老少饮用的屠苏酒，要包交岁饺子，还要给小孩"压岁钱"，烧旺炉火，全家人围炉夜话，听故事，摆龙门阵等。

守岁之俗由来已久，最早记载见于西晋周处的《风土记》：除夕之夜，各相与赠送称为"馈岁"；酒食相邀，称为"别岁"；长幼聚饮，祝颂完备，称为"分岁"；大家终夜不眠，以待天明，称为"守岁"。古时守岁有两种含义：年长者守岁为"辞旧岁"，有珍爱光阴的意思；年轻人守岁，是为延长父母寿命。

自汉代以来，除夕之夜，家家户户都会全家团聚，吃完年夜饭后，点起蜡烛或者油灯，围坐炉旁闲聊，等着辞旧迎新的时刻。通宵守夜，象征着把一切邪瘟病疫照跑驱走，期待着新的一年吉祥如意。

如今，随着时代的发展，守岁的形式已有变化。人们大都在除夕夜全家围在电视机前看春节联欢晚会。也有人打扑克、打麻将、下象棋、猜谜语、说笑话、讲故事等。无论人们正在忙什么，人们在喜庆中非得亲耳听一听那"新年钟声"，那新旧交替的子时是守岁欢快的高潮。只有送走了过去的一年，迎来了新的一年，人们才去入睡。

在除夕之夜，开展一些正当健康的文娱活动，既有利身心健康，增加生活情趣，又能陶冶人的性情，要戒除狂食暴饮、聚赌耍钱、危害社会治安等陋习。

按传统礼俗，守岁之夜，孩子们除了尽情地欢乐之外，还有一件喜事，就是要从大人们的手中得到一笔用红纸封包着的"压岁钱"。同时，孩子们也要给长辈拜年，祝福长辈们新年快乐、健康长寿。

07

燃放烟花爆竹的礼俗是怎么来的？

除夕之夜，在规定允许的地方，人们为了除旧迎新，还要燃放鞭炮。鞭炮即"爆竹"，也称"爆仗"，有两千多年的历史。传说它起源于"庭燎"，《诗经》中就有"庭燎之光"的记载。"庭燎"就是当时用竹竿之类做成的火炬。竹竿燃烧后，竹节里的空气受热膨胀，竹腔爆裂，发出炸裂声，以此驱鬼除邪。这就是最早的"爆竹"，也叫"爆竿"。

到了唐朝，炼丹家经过不断的化学实验，发现将硝石、硫黄和木炭混合在一起能引起燃烧和爆炸，于是发明了火药。火药的发明，使爆竹进入了一个新的发展时期。北宋时，便有人用纸包裹硫黄粉制成爆竹，称为"爆仗"。南宋时又出现了"鞭炮"。宋朝以后，一方面把火药用在军事上，制成震天雷、连球炮等；一方面也制成供娱乐用的爆仗和烟火。

现在的爆竹品种繁多，诸如小鞭炮、电光雷、母子雷、射天炮、百头鞭炮、千头鞭炮，甚至几万头长的鞭炮，还有能变幻多种形状，喷出种种颜色火焰的"烟花"等，使节日活动更加绚丽多彩。但是，在大城市中人口密集的地方燃放爆竹，不仅污染空气，还时常带来火灾，容易造成人身伤害，所以近年来，一些城市逐渐移风易俗，已禁止燃放爆竹。

08

给亲戚朋友拜年有什么礼仪讲究？

拜年是人们庆贺新春、联络交流感情的一种方式。拜年的内容主要是相互祝贺当年的成绩，对春节及来年进行祝福和鼓励。拜年的祝词随时代的发展而变化，表现出不同的理想追求。当代城市，春节前夕就开始拜年了。在机关单位，拜年的形式主要是春节团拜会，也就是集体拜年。这样可节省时间，不用春节期间一家一户去贺年。团拜，最早盛行于清代的官场，那时是在正月初一早上，大家集中在一起，按长幼或职务排列，彼此行礼，互致新年问候，礼毕解散。

旧时是在正月初一这天早上开始拜年。大年初一早上，全家人起床后，首先是在家中的厅堂上，晚辈给长辈拜年，旧需下跪，磕头礼拜。之后，便依次到近亲、近邻家中向长辈拜年。每到一处都略坐片刻即告辞。

如今，除夕新旧交替的钟声刚响过，一进入新年，家里人就相互拜年了。随即，很多人家的电话拜年也开始了。随着手机的普及，人们更多选择用短信、微信来传达彼此的祝福。

传统的拜年还讲究时间顺序的礼俗，如北京地区是第一天拜父亲家的亲戚，第二天拜母亲家的亲戚，第三天随妻子回娘家，第四、五天去友人家拜访。不过现在很多地区拜年的次序已无特殊讲究，一般是根据拜年对象居住地的远近等具体情形而定。路途遥远的在对方家中过夜。媳妇回娘家，选在其中的某一天即可，具体的日子也不确定。

09

各地拜年有什么不同风俗？

拜年是中国民间的传统习俗，各地有着不同的习俗，在河南、江苏一些地方，前往拜年的第一家，要选儿女双全、父母健在、家宅兴旺的人家，这样自己也能沾光，同样，被拜的人家也欢迎第一个来拜年的人，希望能给自家带来财运、福气和吉祥。

广州人旧俗拜年是先拜近亲，见面要说"恭喜"或"恭喜发财"，先向主人家的祖先遗像行礼，行礼之后，主人让座捧出"八宝盒"来招待客人，盒中放蜜饯、干果请客人品尝。

拜年的日期，旧时也有规定，河南人是初一走自家，初二初三走舅家，初四初五走姑家，湖北一些地区兴初一拜父母，初二拜舅母，初三拜丈母，初四拜姑母，初五拜姨母。

福建莆田拜年有特殊的风俗，是以除夕为小年夜，初四、初五为大年夜，大年初二不许拜年。据说明朝嘉靖年间，有一次倭寇进犯莆田兴化，从农历十一月到第二年正月，到处烧杀抢掠，直到二月初倭寇撤走，百姓才得以回家，看见故乡尸横遍野，惨不忍睹，人们都忙着询问生死，二月初二这一天，便被定为"探亡日"。人们并相互约定俗成，这天不再串门，以表达对死者的哀悼。后来，"探亡日"便改在了正月初二。

10

―

春节期间民间有哪些娱乐活动？

在春节期间，民间有很多娱乐活动，舞狮子、闹花灯和耍龙灯就是其中重要的娱乐活动形式。

◇ 舞狮子

春节期间，我国广大农村和城镇会举办传统的舞狮活动。人们以舞狮来助兴，希望借助狮子威武、勇猛的形象驱魔避邪，带来和平安宁的好日子。

初一这天大清早，就有锣鼓伴奏的狮子舞挨家挨户拜年贺喜。有趣的是，舞狮者每到一户时，都要到中堂、卧室、厨房等处一边舞、一边唱，赞颂一番，以图吉祥如意。

◇ 闹花灯

正月里闹花灯，也是春节期间一种喜庆的文艺活动。它起源于明末，是正月间夜晚进行的一种民间花灯歌舞艺术。歌舞又有弦子花鼓和唢呐花鼓两种形式，乐器节奏明快欢乐，表演动作细腻传神，为春节增添了无穷欢乐。江南春节的虾舞尤为著名，俗呼"耍虾子"。虾子由南竹扎成，蒙上同虾壳一样颜色的布，再用数根南竹捆扎作须。这样扎成的虾身长达数十米，需由几十至上百人表演。表演时，舞虾者将虾须竖立空中，俗称"虾子起拱"，令人叹为观止。

◇ 耍龙灯

耍龙灯也叫"龙舞"，又称"龙灯舞"，是自汉代起就一直流行于我国的一种民间舞蹈，是我国新春佳节的传统习俗。龙是中华民族的象征，在中华传统文化中占有极其重要的地位。古人把龙、凤、麒麟、龟称为四灵，作为吉祥物崇拜。每当春节到来，我国许多地区还有踩高跷的习俗。一个个化了装的人，脚踩三四尺高的木跷，手执扇子，舞来舞去。有集体舞，也有三人舞，引得人们翘首仰望，欢声雷动。

11

春节期间有哪些礼仪禁忌？

春节期间，旧时有很多禁忌，这里简要介绍一下。

◇ 大年三十的禁忌

大年三十（小月是二十九）是农历一年中最后一天，因此也流行着许多禁忌习俗。汉族传说这一天是诸神下界的日子，民间要举行各种祭祀活动，敬鬼敬神，祈福祈禄。为了不惊动鬼神，这一天禁止打扫卫生，禁倒垃圾，禁洒污水，扫地时要从外（门口）往里扫，这叫"聚财"。

在许多地区，这一天还不能吵嘴打架，不准哭闹，不准大声呵斥、打骂孩子，都要说吉祥话。如年三十包饺子时，包到最后，剩下馅而没有面皮了，禁说面和少了，一定要说馅和多了，剩下面可以说面和多了。包完饺子后，面盆、馅盆先不要收拾，煮饺子时还要留下几个不下锅，表示家里生活富裕，有吃不完的饺子。饺子煮破了，禁说破，否则要破财，一定要说"挣了"，表示来财。

◇ 正月初一的禁忌

正月初一，进入新的一年，俗称"大年初一"，这是民间最为重视的日子。在"慎始""求吉"的思想观念支配下，这一天的禁忌也特别多。

凌晨，各家争相早起拜年，俗忌拜年于床前。若受拜者卧床未起，必以为大不吉利，预示年内将有病灾；天亮前忌大声说话，忌呼唤姓名；起床以后不能再睡；妇女不许往别家拜年、串门；忌回娘家，否则，会对娘家不利。这是旧时代鄙视妇女的陋俗，现今已基本革除。

大年初一不仅不能杀鸡，也禁忌宰杀一切生灵。中国人崇信"种瓜得瓜，种豆得豆"的准则。要想自己财源茂盛、寿比南山，那么在大年初一就绝对不能做出不仁义之事，更不能杀生。不但不能杀生，还须放生，以积阴德。

这一天俗忌扫地、倒垃圾，认为扫地是扫财出门，将瓜子皮、果皮、灰土等归置到床底下，叫作"聚财"；这天不能讲粗话，否则以后会常年讲粗话；不许打人骂人，否则挨打骂的人会"衰"，以后要经常挨打骂；这一天只能讲吉利的话，做正当的事，若这一天失财，就认为这一年会经常失财；这一天倒霉，这一年就总要倒霉。总之，始为终兆，所以要格外小心。

拜年时，长辈给晚辈压岁钱，金额必是偶数，忌讳奇数，否则以为不吉利。大年初一还忌说不吉利的话，凡"破""坏""没""死""光""鬼""杀""病""痛""输""穷"等不吉利的字眼，都禁忌说出口。如有犯忌者，认为一年内将大不吉利。为防小儿违禁犯忌，是日清晨，家长要用准备好的干净草纸揩抹小儿的嘴，意思是把小孩的嘴当作屁股了。因此，小孩子若说了不吉利的话，就只当是放屁，不算数。

12

有哪些关于春节的诗词佳句？

田家元日

〔唐〕孟浩然

昨夜斗回北，今朝岁起东。

我年已强仕，无禄尚忧农。

桑野就耕父，荷锄随牧童。

田家占气候，共说此年丰。

元日

〔宋〕王安石

爆竹声中一岁除，春风送暖入屠苏。

千门万户曈曈日，总把新桃换旧符。

除夜雪

〔宋〕陆游

北风吹雪四更初，嘉瑞天教及岁除。

半盏屠苏犹未举，灯前小草写桃符。

甲午元旦

〔清〕孔尚任

萧疏白发不盈颠，守岁围炉竟废眠。

剪烛催干消夜酒，倾囊分遍买春钱。

听烧爆竹童心在，看换桃符老兴偏。

鼓角梅花添一部，五更欢笑拜新年。

迎春

〔清〕叶燮

律转鸿钧佳气同，肩摩毂击乐融融。

不须迎向东郊去，春在千门万户中。

第二章

元宵节的节日礼仪

13

元宵节有什么来历？

　　农历正月十五是农历一年中的第一个月圆之夜，也是中国的传统节日——元宵节。正月十五是整个春节活动的又一个高潮，因其在一年的第一个月，既称正月，又叫元月，这一天的活动又集中在夜晚，夜为宵，由此称为元宵节。又因为这个节日的主要活动是在夜晚放灯、观灯，所以也叫灯节、灯夕。元宵象征家人团圆如月圆一般，寄托了人们对未来生活的美好愿望。按中国民间的传统，在一元复始、大地回春的节日夜晚，天上明月高悬，地上彩灯盏盏，人们常会逛灯会、猜灯谜、吃元宵，合家团聚，其乐融融。

　　随着时间的推移，元宵节也逐渐从最初的宗教祭祀活动发展为一个全民狂欢的娱乐性节日。关于元宵节起源的说法很多，较有代表性的为以下三种。

◇ 一说起源于太一祭风俗

　　说法之一，元宵节起源于西汉的太一祭。太一祭是皇家在正月上辛日祭祀太一星——北极星，当时人们认为太一星主宰着人类命运。后来元宵节祈求丰收、祈求子孙的风俗均源于此。

◇ 二说起源于纪念"平吕"

说法之二，西汉的汉文帝为纪念"平吕"而设置了元宵节。汉惠帝刘盈死后，吕后篡权，吕氏宗族把持朝政。周勃、陈平等人在吕后死后，扫除了吕后势力，拥立刘恒为汉文帝。因为平息诸吕的日子是正月十五，此后每年正月十五日之夜，汉文帝都微服出宫，与民同乐，以示纪念。由于正月又称元月，"夜"在古语中叫"宵"，所以，汉文帝就将正月十五定为元宵节。

◇ 三说起源于东汉佛教信仰

说法之三，元宵赏灯始于东汉明帝时期。相传，明帝提倡佛教，听说佛教有正月十五日僧人观佛舍利、点灯敬佛的做法，就命令这一天夜晚在皇宫和寺庙里点灯敬佛，令士族庶民都挂灯。从此这种佛教礼仪节日逐渐形成民间盛大的节日。该节经历了由宫廷到民间、由中原到全国的发展过程。

元宵节的节期与节俗活动，是随历史的发展而延长、扩展的。就节期长短而言，汉代才一天，到唐代已为三天，宋代则长达五天，明代更是自正月初八点灯，一直到正月十七的夜里才落灯，整整十天。与春节相接，白昼为市，热闹非凡，夜间燃灯，蔚为壮观。特别是那精巧、多彩的灯火，更使其成为春节期间娱乐活动的高潮。至清代，又增加了舞龙、舞狮、跑旱船、踩高跷、扭秧歌等"百戏"内容，只是节期缩短为四至五天。

14

元宵节吃元宵、闹元宵有哪些文化内涵？

◇ **吃元宵**

正月十五吃元宵，相传已有一千两百余年的历史。元宵最早为一种"白粥泛膏"形式，后来用糯米粉做成有馅的汤圆，形如满月，白如银圆。元宵由糯米制成，或实心，或带馅。馅有豆沙、白糖、山楂、各类果料等，食用时煮、煎、蒸、炸均可。起初，人们把这种食物叫"浮圆子"，后来又叫"汤团"或"汤圆"，这些名称与"团圆"字音相近，取团圆之意，象征全家人团团圆圆，和睦幸福，人们也以此怀念离别的亲人，寄托对未来生活的美好愿望。

元宵佳节吃元宵，既有团圆之意，又得甜蜜之味。吃元宵之风，因此而流行全国。宋代著名诗人姜夔曾对当时的元宵节实况做出生动的描写："元宵争看采莲船，宝马香车拾坠钿。风雨夜深人散尽，孤灯犹唤卖汤圆。"有趣的是，各地过元宵节还有一些地方食俗，例如：云南一些地方元宵节喜欢吃豆面团；河南一些地方则讲究吃枣糕；陕西人这天爱吃"元宵茶"，即往面汤里加入各种蔬菜和水果，很有风味。

明代时，元宵在北京已很常见，做法也与今天无异。清代康熙年间朝野盛行八宝元宵、马思远元宵。民国初年，袁世凯因元宵与"袁消"音同，故下令禁喊元宵之事。

随着时代发展，近代的元宵有了更多的品种。从种类来分，有带馅的和实心的两大类；从口味来分，有甜口和咸口两大类，甜口的有芝麻馅、桂花馅、枣泥馅、豆沙馅等若干种，咸口的以肉馅为主，常见的有鸡肉馅、猪肉馅等；从制作方法上分，有水煮、油炸和蒸制三大类。在元宵的基础上加以发展变化的还有外裹糯米的珍珠汤圆、外裹芝麻的麻团等。总之，完全可以满足各种口味的人们。

旧时，南方的汤圆、北方的元宵，其做法不同，各有风味，各有特色。而今由于文化的交流，南北的做法可以说是南传北，北传南，南北互相吸取长处，几乎是南北贯通了。

◇ 闹元宵

"闹元宵"是古代农业文明的伴生物，那时在过了元宵之后，年也就算是过完了，接下来就要转入和恢复正常的农耕生产活动，闹元宵既是过年热闹场面的一个总结，也是进入紧张春耕生产前最后一次的完全放松。正因为如此，古代的元宵节要比今天热闹得多。

至今人们的口中还有流传很久的"正月十五闹元宵"的说法。一个"闹"字，突出了元宵节的主要特点，体现了中华民族特有的文化气息。

"闹元宵"所"闹"之内容和形式，有着相当丰富的文化内涵，有着可充分利用的文化价值。在当今日益个性化的社会生活中，如果我们利用元宵这一文化资源，有意识地为城乡人民拓展社交娱乐的空间，鼓励广大民众主动离开电视，走出家门，投身到有益身心健康的游乐活动中去，这对于活跃民族精神、稳固社会秩序大有助益。

15

民间元宵节有哪些娱乐活动？

在元宵节，最重要的活动便是观花灯与猜灯谜。

◇ 观花灯

正月十五之夜，城镇街市上到处火树银花，彩灯耀眼。人们制造出各种各样精美的花灯和焰火，有的用许多灯扎成灯树，悬挂着制作精美的各种谜语，供人们观赏和猜测。

元宵节燃灯的习俗起源于道教的"三元说"，即上元天官、中元地官、下元水官，传说天官赐福，地官赦罪，水官解厄。这三元（又称三官）神又分别于正月十五、七月十五、十月十五诞生。因此，这三个日子就分别叫上元、中元和下元，正月十五就是上元节。天官喜乐，故上元节要燃灯。元宵节燃灯，自汉朝时已有此风俗，唐时更盛。经过历朝历代的传承，节日的灯式越来越多。元宵节除燃灯之外，还会放一些烟花来助兴。

民间常从春节开始，人们就动手扎花灯。现在的元宵灯会更加热闹隆重。手工制作的和用现代科技制成的各式花灯，大大小小，造型各异，千姿百态，使整个地区充满喜庆、祥和的节日气氛，人们沉浸在幸福、欢乐的灯的海洋之中。

在观花灯的同时，街市中心常还举办击太平鼓、扭秧歌、舞龙灯、耍狮子、踩高跷、跑旱船等各种娱乐活动。不论农村、城市，也不分男女老幼，人们纷纷拥上街头观赏表演，这就是"闹社火"。这些活动增添了节日的欢乐气氛，已成为我国民间艺术不可缺少的组成部分。

◇ 猜灯谜

"猜灯谜"也叫"打灯谜"，是元宵节后的一项活动。猜灯谜是一种富有讥谏、规诫、诙谐、笑谑意味的文艺活动。灯谜最早是由谜语发展而来，起源于春秋战国时期，是我国艺苑中一种独特的文学艺术形式。每到重大节日，尤其是元宵节期间，是猜灯谜最盛的时候。各地的游园会、文化宫、俱乐部都少不了猜灯谜这个游艺项目。

谜语悬之于灯，供人猜，始于南宋。最初是好事者把谜语写在纸条上，贴在五光十色的彩灯上供人猜。因为谜语能启迪智慧又富有趣味性，所以逐渐流传开来，并形成了习俗。如今每逢元宵节，各个地方都打出灯谜，希望新的一年能喜气洋洋，平平安安。

16

—

元宵节的花灯有哪些种类、特色？

庆祝元宵节的花灯种类很多，民间常见的有以下几种。

◇ 走马灯

走马灯是一种能转动的花灯，其最奇特之处在于它的动力不是机械能，而是热能。走马灯是在一个纸轮上粘贴用纸剪成的人马形象，灯点着后，火焰驱动纸轮下的木杆转动，人马也就随之而转，往来不停，所以才叫走马灯。《燕京岁时记》谈及其原理说："走马灯者，剪纸为轮，以烛嘘之，则车驰马骤，团团不休，烛灭则顿止矣。"

◇ 走丝灯

走丝灯其实就是走马灯的变种，只是把灯做成多面体，分四面、六面、八面和十二面不等。每面画上各出戏或成语故事，戏剧有《打渔杀家》《三娘教子》《白蛇传》等，成语故事有《画龙点睛》《守株待兔》等，也有画俏皮话儿（歇后语）的。此种灯做工精细，内张纸伞，下点红烛，在纸伞的杆上缚扎着许多马尾儿，焰腾伞转带动其马尾儿拨动着每个画面上的铁丝结构，画面上的人物也会随之舞动转起，就像翻阅"连环画"，看"小电影"，非常有趣。

◇ 动物象形灯

羊灯、狮子灯、兔儿灯、叭狗灯等动物象形灯都是以竹皮、秫秸为骨架，上糊彩纸，下方有方形底架，再装上四个小泥轮，孩子们能拉着它在地上走，灯的背上有洞，腹内可点燃蜡烛，借助烛火热力，动物的头部便能上下颤动，故有谚语"羊灯一点头"之说。

在清代宫廷里还有一种奇特的"蟋蟀灯"。这种灯奇巧别致，艺人除了要制作这种精美的彩灯之外，还要预先在头年秋天捉养一些蟋蟀，在正月十五放灯时，将蟋蟀放置于灯中，燃灯后它们会发出清脆的鸣叫声，可谓别出心裁。

◇ 吉利灯

在农村山坡野地里，生长着一种草本野生植物，身上带刺，有如铁蒺藜。工匠们以秫秸做骨架，以红纸糊成多角形酷似蒺藜状的彩灯。角与角之间做成绿地，镶一个彩色玻璃罩，内装蜡灯，点起来格外特别。因"蒺藜"与"吉利"谐音，所以民间称它为吉利灯。百姓、商家都非常喜欢挂这种灯，表示大吉大利。

◇ 肖形灯

肖形灯是指用竹做骨架，外糊彩色油纸，糊成带有吉祥寓意的花灯。如十二生肖灯、龙睛鱼灯、绿蝈蝈灯、鸡形灯、喜鹊登梅灯、状元骑马灯、西瓜灯、桃子灯、石榴灯等。

◇ 宫灯

宫灯是指以硬木做框架，镶有玻璃或包有丝绢，做工极为精细，挂在宫中、王府的花灯，古时百姓家则很难见到。宫灯形式多样，如九龙万寿天灯、天球鹤灯、万寿桌灯、四方双喜字流苏玻璃挂灯、六角兰芝宫灯、清平五福灯等。

◇ 其他有趣的元宵花灯

广东佛山一带有一种奇特的花灯，它的图案不是刻画上去的，而是用一粒粒芝麻粘贴做成的，显得格外精美又富有立体感。小孩子淘气时，就会抠下几粒芝麻，偷偷地尝尝，人们称它为"能吃的灯"。

在浙江硖石有一种花灯，是用针扎出来的。这种与众不同的花灯是用四层宣纸裱糊而成，然后用绣花针扎出细孔，组成各种奇妙的图案。最有名的是龙灯，在灯光的烘托下，鳞纹清晰可见，龙头神采威严，双目炯炯有神，触须勃然伸展，龙口开处吞球吐珠，生机盎然，是花灯中的一绝。

17

一

有哪些关于元宵节的诗词？

正月十五夜

〔唐〕苏味道

火树银花合，星桥铁锁开。

暗尘随马去，明月逐人来。

游伎皆秾李，行歌尽落梅。

金吾不禁夜，玉漏莫相催。

正月十五夜灯

〔唐〕张祜

千门开锁万灯明，正月中旬动帝京。

三百内人连袖舞，一时天上著词声。

生查子·元夕

〔宋〕欧阳修

去年元夜时，花市灯如昼。月上柳梢头，人约黄昏后。

今年元夜时，月与灯依旧。不见去年人，泪湿春衫袖。

蝶恋花·密州上元

〔宋〕苏轼

灯火钱塘三五夜。明月如霜，照见人如画。帐底吹笙香吐麝。此般风味应无价。

寂寞山城人老也。击鼓吹箫，乍入农桑社。火冷灯稀霜露下。昏昏雪意云垂野。

青玉案·元夕

〔宋〕辛弃疾

东风夜放花千树，更吹落，星如雨。宝马雕车香满路。凤箫声动，玉壶光转，一夜鱼龙舞。

蛾儿雪柳黄金缕，笑语盈盈暗香去。众里寻他千百度，蓦然回首，那人却在，灯火阑珊处。

18

一

元宵节有哪些有趣的灯谜？

谜面：大禹称王（打一节气）

谜底：立夏

谜面：此曲只应天上有（打一成语）

谜底：不同凡响

谜面：一年四季花如锦（打一地名）

谜底：长春

谜面：千年古屋（打一作家）

谜底：老舍

谜面：黑棋已输（打一水浒人名）

谜底：白胜

谜面：爱面子（打一姓氏）

谜底：慕容

谜面：看颜色漂亮，见声音响亮（打一字）

谜底：靓

谜面：犹如丫丫翻了身（打一字）

谜底：从

谜面：独自怎生得黑（打一成语）

谜底：不明不白

谜面：下联难配上联（打一常用语）

谜底：对不起

谜面：涨价恐怕不容易（打一成语）

谜底：难能可贵

第三章

清明节的节日礼仪

19

清明节有什么来历？

清明是中国传统历法二十四节气中的第五个节气，也是一年中万物生长的开始。人们从这一天开始种瓜点豆，植树造林。农谚说："清明前后，种瓜点豆。"这是节气的生产习俗，也是中国农耕文化的经验总结。而清明节作为一个节日，人们又在这一天祭扫亲人故友的坟茔，缅怀故人。

清明（节）将节气与节日集于一天，对于生长与收获的期望和对已逝者的哀伤与怀念同集于一天，这是一个多么奇特而又神秘的日子。它有着对生命的期待、对收获的渴望、对过去的回忆和对未来的向往。

清明节在每年的公历四月五日左右。这时，我国大部分地区气温回升，万物萌发，让人感到格外清新明快，故曰"清明"。

清明节的前一天（有的地方是前两天）是寒食节。寒食节又叫禁烟火节、禁烟节、冷烟节、冷节等。唐代以来，寒食节禁止烟火、吃冷食的风俗盛行各地，并与祭奠祖先亡灵以及郊游扫墓活动结合，逐渐与清明节融合成为一个节日。

20

清明节祭扫有哪些礼仪讲究？

自古以来，中国人死后一般都是土葬，做有坟墓，并在墓前植树以示保护，另以此作为标志。经一年的风风雨雨，坟墓本身不免土壤流失，树木凋零，后人便每至清明带上食物供奉故人，并整修坟墓。久而久之，便形成了扫墓之俗。自中华人民共和国成立，每逢清明节，人们除了祭祖外，还有组织祭扫烈士陵园，缅怀革命先烈的丰功伟绩，接受爱国主义教育的活动。

扫墓成为全国性的礼俗始于唐玄宗。宋代可能已有了官员放假扫墓的明文规定，因为史载清明这天"倾城出郊""四野如市"。之后，祭扫的时间并不限定在清明当天，在清明节前三天、后四天的范围内均可，只是清明这天是扫墓的高峰。

21

清明节有哪些民俗活动？

◇ 踏青春游

踏青，也称"踏春"，是清明节的风俗活动。清明这天，人们在扫墓之余，出外春游，感受春天生机盎然的大好景色。此俗至今已有两千多年的历史，据《晋书》记载，自魏晋以后，每年农历三月初一到初三，人们出外踏青，颇为盛行。宋代诗人张先在《木兰花·乙卯吴兴寒食》中也写道："龙头舴艋吴儿竞，笋柱秋千游女并。芳洲拾翠暮忘归，秀野踏青来不定。"吴惟信有"梨花风起正清明，游子寻春半出城"之句，这些都是文人墨客在春游踏青时留下的名诗丽章。

踏青这一风俗在唐代最为盛行。踏青时，人们还进行射柳、拔河、蹴鞠、扑蝶、采百草、放风筝、斗鸡、荡秋千等娱乐活动。明清以来，民间还有"吃清明团""送百虫""水嬉"等风俗。现在，学校多组织青少年进行春游、野营、野炊，开展各种文体娱乐活动，并组织学生到烈士陵园送花圈，缅怀先烈。在农村，儿童们还以柳条制成圈戴在头上，也喜欢用嫩绿的柳枝做成柳笛吹。由于"清明"与"聪明"谐音，民间把此日生的孩子称为"聪明儿"，并有抱婴儿向邻里讨"清明团"的习俗，说是"讨聪明"，讨了"聪明"的孩子最聪明。

我国土地辽阔，受气候的影响，各地踏青的时间也不尽相同。在岭南广东、福建一带，人们把农历二月初二定为"踏青节"，长江中下游地区把清明作为踏青扫墓之日，东北有些地区要到五月初才到郊野去踏青。

◇ 放风筝

风筝，北方称为"纸鸢"，南方称为"纸鹞"，清明时节，气温回升，春风和煦，适宜放风筝。人们不仅白天放风筝，而且夜间也放。夜里，人们在风筝下或拉线上挂上一串串彩色的小灯笼，因其像闪烁的星星，故被称为"神灯"。

古人认为清明的风很适合放风筝，《清嘉录》中说："春之风自下而上，纸鸢因之而起，故有'清明放纸鸢'之谚。"古人认为，放风筝不但是一种娱乐活动，还可以放走自己的秽气。所以，很多人在清明节放风筝时，会将自己知道的所有灾病都写在风筝上，等风筝放高时，便剪断风筝线，让风筝随风飘逝，象征着自己的疾病、秽气都让风筝带走了。

◇ 荡秋千

荡秋千是清明时古老的游戏娱乐活动。

秋千最早叫"千秋"，相传为春秋时期齐桓公从北方民族山戎那里引入，汉以后成为清明及其他节日（如端午节）的民间游戏。秋千之戏在南北朝时已经流行，《荆楚岁时记》中记载："春时悬长绳于高木，士女衣彩服坐于其上而推引之，名曰打秋千。"唐代荡秋千已经是很普遍的游戏，并且成为清明节的重要习俗。由于清明荡秋千随处可见，元、明、清三代定清明节为秋千节，皇宫里也安设秋千供皇后、嫔妃、宫女们玩耍。今日的公园和游乐场仍然有秋千，供儿童玩耍，荡秋千也成为很多人美好的回忆。

在山东胶东地区，有两种秋千很有特色。一种是"旋转式秋千"，先在地上钉一根粗木桩，桩上放一转盘，绕着转盘系麻绳四对，搁置木板，戏者坐于木板上，玩时用脚蹬地产生动力使之旋转起来，停飞自如；另一种是"纺车式秋千"，这种秋千因形似纺车而得名，秋千两人戏荡，两端各坐一人，旁边有人助动，旋转起来如风车一般。

我国许多少数民族地区都有荡秋千的习俗。

白族的秋千与其他民族的秋千大不相同，洱源地区的秋千架是用十二根木杆搭制而成，每边各放六根。其中有四根粗的，代表一年有春、夏、秋、冬四季和东、西、南、北，十二根木杆又代表一年十二个月。木杆用新布包裹，每根长二丈四尺，象征一年有二十四个节气，上面搭上犁田用的牛当作横杆，拴上藤子就成了秋千。春节时荡秋千，大年初一立杆，立杆后首先要摆香祝酒，祈颂五谷丰登、人畜兴旺、风调雨顺，然后由德高望重的老人先荡几下以表示开秋，再由一男孩荡起秋千，以图吉祥尊老、敬老。秋千的玩法也是多种多样，有单人、双人、男女混合荡，还有一人躺着荡等。

湘西地区的苗族荡秋千是在立秋之日举行"赶秋节"活动，其中"八人秋"是赶秋节活动必不可少的项目。在八人秋千架上，分别坐着四男四女，架下还站着两位老人，称秋公和秋婆。先由秋公和秋婆念几句诗，再开唱秋歌，当快速旋转的秋千停下来时，谁停在上面，谁就要唱歌，苗族人有个规矩，荡秋千的人都必须会唱歌。因此，玩八人秋千时，有许多人是为了显示自己歌唱得好，而愿意停在上面为大家一展歌喉，这不仅能得到大家的喝彩，而且可以借此机会得到异性的注意与爱慕。

朝鲜族的秋千有着悠久的历史，早时，荡秋千还只是节日里的一种民俗游戏。每逢节日，朝鲜族妇女都要穿上最好看的民族服装，成群结队地前往场地去荡秋千。到了十五世纪，则出现了把金铃系在秋千之上，以测量腾空直上的高度来定胜负的一种比赛。荡秋千也已被列为朝鲜族运动会上的比赛项目。

旧时，满族有在清明节、端午节荡秋千的习俗。以前满族外出打猎时，就将小孩子装在用动物皮制成的皮袋中，吊在树上以防止野兽的伤害，后来这一习俗发生了变化，出现了悠车。满族妇女为了能脱身做家务，就在门的横框上拴上两条绳子，下端再系上一块木板，让小孩子在上面荡玩，这便是满族人民秋千的起源。

布依族的秋千更为奇特，它分两种形式：观音秋和夹板秋。观音秋又叫"十字秋"，由四人同时在水车形的秋千上打转，此项活动男女老少都可以参加，夜间给秋千挂上灯笼更有乐趣。夹板秋又叫磨秋，一个人着地转动秋板，另一个人则向上翘起做各种动作。

纳西族的秋千最为讲究，竖秋千的仪式也非常隆重。每年的除夕上午，要请最有经验的木匠指挥搭架子，按照传统习惯，男青年伐木支架，女青年献麻结绳，篾匠合编竹绳。先用六根长约十二米、粗七十厘米的松木扎成两个三脚架，再搭一根横木做梁，把两根竹绳套在横梁上，其另一梢分别扎在一根一米五左右的硬木棒两端，然后再用两根粗麻绳接至离地面一米处，打上结，就做成了秋千。

秋千架立起之时，全村老少来庆贺，年轻的新婚夫妇，男的要在秋千两端顶上插上小红旗，女的把红锦线绕在秋千绳的抓手处，还要为大家分送糖茶和瓜子等。秋千立好后，要请身体健康的长者试荡，预示着全村大吉大利、繁荣昌盛。秋千可单荡、双荡，以荡的时间长短和荡绳的高低来评判优胜。秋千于正月十二日卸下，秋绳会赠给荡秋千中出力最多的男女青年，以示鼓励。

◇ **清明拔河运动**

拔河是我国一项古老的运动，它原是一种军队训练项目。据说春秋时期，楚国为了攻打吴国，用牵钩训练形式来增强士兵们的体质。它是一种一端带有钩子的拖绳，用来拖拉敌人的战车和战船。平时，可用此绳来训练士兵。

"退则钩之，进则牵之。"这种牵钩的军事训练，就是拔河运动的最早形式，后来逐渐演变成一种民族体育运动。

当时牵钩活动的主要用具是一条粗麻绳，两头分有许多小绳。比赛时，以一面大旗为界，一声令下，鼓乐齐鸣，双方人员齐声呐喊助威，其场面极为热烈。

在唐朝，清明节拔河的娱乐活动已经十分盛行。景龙年间，唐中宗手下的大臣在宫内梨园毬场曾举行过一次"御前拔河比赛"。据《全唐诗话》记载："唐中宗李显于景龙四年（710年）三月一日清明，幸梨园命侍臣为拔河之戏。"其一方人员由七宰相二驸马组成，另一方人员由三宰相五将军组成，比赛之中，有两个老臣扑倒在地，竟然气喘吁吁半天不能站立起来，引得唐中宗大笑不已。

唐玄宗李隆基也特别喜欢拔河运动，曾在清明节时举行过规模盛大的拔河比赛，他举办的拔河比赛，据说有千人以上，喧呼动地，番客庶士，观者莫不震惊。为此，进士薛胜曾写了一篇《拔河赋》来描述其热闹的拔河盛况。《隋书·地理志》说到拔河游戏，将其解释为"俗云以此厌胜，用致丰穰。其事亦传于他郡"。因为清明节正值春耕播种季节，人们进行拔河比赛，以祈丰年、庆丰收。

民间的拔河活动更为普遍。据记载，襄阳（今南阳）一带常常在每年的正月十五就开始举行正式的拔河比赛。古代拔河所用的器材都比较简单：最初用的是篾绳，后改为大麻绳。在唐代，这种大麻绳长四五十丈，大绳两边各系着小绳索上百条，供拔河者手挽。还有的地方在清明节拔河是为了求雨，据说是要把大河拔翻，让天河之水施洒人间大地，以此祈盼风调雨顺、五谷丰登。

◇ 蹴鞠

清明节除了祭祖扫墓之外，还有各项户外活动，在祭奠追思的感伤之余，还融合了欢乐赏春的气氛。在这些活动中，"蹴鞠"就是一项十分有趣的活动。蹴鞠可以说是现代足球的前身，相传蹴鞠于商代便已出现，战国时期流入民间，至汉代时，则用于军中练身习武，并列于兵书。

蹴鞠在唐宋时期最为繁荣，经常出现"球终日不坠，球不离足，足不离球，华庭观赏，万人瞻仰"的情景，《宋太祖蹴鞠图》描绘的就是当时的情景。杜甫的《清明》诗中写到"十年蹴鞠将雏远，万里秋千习俗同"，也说明了当时蹴鞠活动的普及。在讲求"中庸"的传统文化背景下，蹴鞠逐渐由对抗性比赛演变为表演性竞技。到了清代，在史籍上有关蹴鞠活动的记载就寥寥无几了。近年来，蹴鞠的发源地山东淄博又兴起蹴鞠热，许多市民参与其中，既锻炼了身体，又传承了有两千多年历史的民俗。

22

为什么有的人家要在清明节插柳枝？

清明节春光明媚，绿树成荫。人们在这一天踏青、扫墓。有的地区讲究人人都要戴柳，家家户户门口都要插柳枝。这个习俗究竟从何而来呢？民间有这样几种说法。

◇ 为了纪念"教民稼穑"的农事祖师神农氏

有的地方，人们把柳枝插在屋檐下，以预报天气，古谚有"柳条青，雨蒙蒙；柳条干，晴了天"的说法。黄巢起义时规定，以"清明为期，戴柳为号"。起义失败后，戴柳的习俗渐渐被淘汰，只有插柳盛行不衰。杨柳有强大的生命力，俗话说："有心栽花花不发，无心插柳柳成荫。"柳条插土就活，插到哪里，活到哪里，年年插柳，处处成荫。

◇ 为了纪念介子推

相传晋文公想封介子推做官，他不愿意接受封赏，于是便同母亲一起隐居到绵山里。晋文公几次派人找他，他都不出来。晋文公便采取烧山的办法，想把他逼出山。可介子推是个硬脾气，宁可烧死，也不肯下山。于是，他被烧死在绵山上。晋文公闻介子推抱火焚亡，即令将其葬在绵山，修祠立庙，并改山名为介山，今日山西介休市也由此而得名。当地人民可怜他的遭遇，尊敬他的品德，每逢这天，大家都禁止烟火，来表示对介子推的纪念。当地老百姓还用面粉和着枣泥做饼，捏成燕子的模样，用杨柳条串起来，插在门上，来祭奠他。这便是后人所说的"子推燕"。

直到现在，清明节家家门口还有插杨柳条的风俗。今日已演变为小孩在清明节用柳条编织成圈戴在头上的习俗，而清明节的射柳比赛也源于此。

妇女还将柳条插于鬓旁，以为能驱毒和明目。后来又演变成在这一天植树，所以，古时把清明节称为植树节。

◇ 表达离别时的祝愿

汉人有"折柳赠别"的风俗，当时的灞桥在长安东，跨水作桥，汉人送客至此桥，便常折柳赠别。李白有词云："年年柳色，灞陵伤别。"因"柳"与"留"谐音，所以又表示挽留之意。《诗经·小雅·采薇》里"昔我往矣，杨柳依依"，用离别赠柳来表示不忍相别、恋恋不舍的心意。杨柳是春天的标志，在春风中摇曳的杨柳，总是给人以欣欣向荣之感。"折柳赠别"就蕴涵着"春常在"的祝愿。古人送行折柳相送，离别去乡的亲人正如离枝的柳条，希望他到新的地方能很快生根发芽，好像柳枝般随处可活，这是一种对友人的美好祝愿。

◇ 为了驱鬼避邪

关于清明插柳、戴柳的来历还有一种说法，中国人以清明、七月半和十月朔为三大鬼节，此三日是百鬼出没讨索之时。人们为防止鬼的侵扰迫害而插柳戴柳，这是因为柳在人们的心目中有避邪的功用。受佛教的影响，人们认为鬼怕柳枝，称柳为"鬼怖木"，观世音以柳枝蘸水普度众生。北魏贾思勰《齐民要术》里说："柳枝著户上，百鬼不入家。"清明既是鬼节，值此柳条发芽时节，人们自然纷纷插柳戴柳以避邪了。清明节前后，人们扫墓或踏青归来，常采野花戴发或折柳栽插，表达祈求驱邪避煞、消灾解祸的愿望。民间谚语中就有"戴把麦，活一百；戴朵花，活百八；插根柳，活百九"的说法。

◇ 为了纪念大词人柳永

宋代著名才子词人柳永放荡不羁，常往来于花街柳巷之中，当时的歌妓无不爱其才华，并以受柳永青睐为荣。但柳永一生仕途坎坷，虽中进士但晚年穷困潦倒，就连他去世后的墓葬费用都是仰慕他的歌女拼凑而出的。每年清明节，歌女们都到他坟前插柳枝以示纪念，久而久之就形成了清明插柳的习俗。

今天，人们在踏青时仍沿袭旧时插柳的风习。柳树为春季应时佳木，得春气之先，在四野尚且一片萧条之际，柳树最先吐出新绿。柳树易栽易活的生存特性，显示出生命力的旺盛。因此，在古人观念中，柳树非普通林木，它有神奇的效用，故衍生出清明插柳或戴柳的习俗。当今，人们仍对柳枝寄寓"青柳留春"的美好联想。青柳留春，意味着在春季将逝的时节，人们用青青的柳枝来象征对青春的挽留。

23

清明节有哪些特色饮食?

清明节,由于各地风俗习惯的差异,还流行着不同的饮食习俗。

◇ 青团子

清明时节,江南一带有吃青团子的风俗习惯,其形状类似元宵,但口味却与之截然不同。青团子用天然麦青汁配上糯米、早籼米磨成的米粉拌匀、揉和,然后开始制作团子。团子的馅心是用细腻的糖豆沙制成,在包馅时,还会另放入一小块糖猪油。团坯制好后,将它们入笼蒸熟,出笼时再用毛刷将熟菜油均匀地刷在团子的表面,就大功告成了。青团子油绿如玉,糯韧绵软,清香扑鼻,吃起来甜而不腻,肥而不腴。青团子还是江南一带百姓用来祭祀祖先必备的食品,正因为如此,青团子在江南的民间食俗中显得格外重要。

◇ 清明粿

福州特制的"菠菠粿",也叫"清明粿",是福州特有的清明节供品,是将菠菠菜(生长于南方的一种野菜)捣烂压榨出汁,渗入米浆揉成粿皮,以枣泥、豆沙、萝卜丝等为馅捏制而成的。造型比较简单,菠菠菜的青绿色赋予了清明粿春天的绿意。每到清明,在福州几乎每家每户都会包上很多的菠菠粿，还会送给在福州的外地人，那透着浓浓青草味的香甜，成为不少福州人对清明节难忘的回忆。

◇ 乌稔饭

关于清明食俗，不能不提到畲家的"乌稔饭"。每年清明节，畲族人家家户户煮"乌稔饭"，并馈赠汉族的亲戚朋友。久而久之，当地的汉族人也有了清明时食"乌稔饭"的习俗。畲族民间传说，唐代时，畲族英雄雷万兴率领畲军抗击官兵，被围困山中，时值严冬断粮，畲军只得采摘乌稔果充饥，得以生存，后雷万兴于清明日率众下山，冲出重围。从这以后，每到清明节，雷万兴总要设宴庆贺那次突围胜利，并命畲军士兵采回乌稔叶，让军厨制成"乌稔饭"，让全军饱食一顿，以示纪念。

◇ 润菜饼

每到清明节，在泉州、厦门等闽南地区有吃"润菜饼"的习俗，"润菜饼"类似于福州的春卷，以面粉为原料摊成薄皮，中间包上馅料，卷起来吃。不过，闽南各地的"润菜饼"所包的馅料却大有不同。在泉州，有萝卜丝、肉丝等混合菜肴。在晋江，包"润菜饼"的馅料能摆上整整一大桌，豌豆、豆芽、豆干、鱼丸片、虾仁、肉丁、海蛎煎、萝卜，应有尽有。而厦门的"润菜饼"则最为复杂，晋江饼所用的馅料它全有，此外还要加上笋、鱼、油炒韭，再蘸上芥末、辣酱、甜酱，这才叫地道的厦门"薄饼"。

◇ 子推馍

在寒食节的发源地山西，有清明节前蒸"子推馍"习俗。"子推馍"又称老馍馍，外形类似古代武将的头盔，重250-500克。馍面中夹有核桃、红枣、花生，称为"子福"，上面有顶子。顶子四周贴面花，面花是面塑的小馍，形状有燕、虫、蛇、兔或文房四宝。圆形的"子推馍"是专给男人吃的，已婚妇女吃条形的"梭子馍"，未婚姑娘则吃"抓餐馍"。孩子们吃燕、蛇、兔、虎等面花，"大老虎"专给男孩子吃，也最受他们喜欢。父母还会用树枝或细麻线将各种小面花串起来，吊在窑洞顶上或挂到窗框旁边，让孩子们慢慢享用。

24

北京传统的"寒食十三绝"是指什么？

历史上的清明节食品多数寓意深刻，种类也很丰富，包括寒食粥、寒食面、寒食浆、青粳饭等；寒食供品有面燕、蛇盘兔、枣饼等；饮料有春酒、新茶、清泉甘水等数十种之多。

但令人惋惜的是，大多数的寒食节食品到现在已经失传。清明节食品中最为有名的便是北京传统的"寒食十三绝"。

◇ 驴打滚

驴打滚也就是豆面糕，以黄豆面为主要原料。称"驴打滚"是一种形象的比喻，因其最后的制作工序是在黄豆面中滚一下，如驴儿打滚扬起灰尘，故名。《燕都小食品杂咏》中就说："黄豆黏米，蒸熟，裹以红糖水馅，滚于炒豆面中，置盘上售之。取名'驴打滚'，真不可思议之称也。"

◇ 姜丝排叉

姜丝排叉不但是北京传统小吃，也是北京茶菜的一个品种。茶菜是过去满族、回族礼仪性食品，满族人在设宴时习惯先上茶及茶食，然后才是冷荤、热菜、甜食、汤等，并且一定要按顺序上。而回族人不饮酒，但为了礼节，多以茶代酒，因而茶菜是必不可少的。

◇ 蜜麻花

蜜麻花又称糖耳朵，因为它成形后的形状好似人的耳朵而得名。

◇ 糖火烧

糖火烧是"通州三宝"之一，据说二十世纪六十年代来访的外国政要还特意带它回国馈赠亲友。

◇ 硬面饽饽

一种烧饼大小的混糖戗面火烧，入口有嚼劲，味微甜且香，用手一掰就掉渣，也是现在快要销声匿迹的一种小吃。

◇ 焦圈

形似炸面包圈，色泽深黄，形如手镯，焦香酥脆，常作为另一种北京特色小吃——豆汁儿的配菜食用。

◇ 艾窝窝

原为"御艾窝窝"，在明代传入民间，春季较为多见，如今已经不分季节地常年供应了。

◇ 芝麻酱烧饼

因为豆沙馅要从边上露出一些，故而别名"蛤蟆吞蜜"。

◇ 馓子麻花

馓子麻花以前被称为"环饼""寒具"，其历史悠久，明代李时珍的《本草纲目·谷部》形容道："寒具即食馓也，以糯粉和面，入少盐，牵索扭捻成环钏形，入口即碎脆如凌雷。"

◇糖卷馃

糖卷馃是最具特色的清明节食品，主料为山药和大枣，有滋补作用。它也是一道药膳。

◇ 豌豆黄

豌豆黄是北京春夏季节最有名的应时佳品。按习俗，农历三月初三要吃豌豆黄。北京的豌豆黄分宫廷和民间两种，常常从初春一直供应到初夏。

◇ 马蹄烧饼

马蹄烧饼看起来就是两层薄皮，内里空心，形似马蹄，也是一种几乎消失的美味。

◇ 螺蛳转儿

旧时小吃店常把当天售不完的螺蛳转儿用微火烤干水分再卖，烤干了叫"干迸儿"，用于下酒，所以北京有句口头语"干迸儿就酒嘎嘣脆"。

25

有哪些与清明有关的诗词佳句？

清明

〔唐〕杜牧

清明时节雨纷纷，路上行人欲断魂。

借问酒家何处有？牧童遥指杏花村。

清明日对酒

〔宋〕高翥

南北山头多墓田，清明祭扫各纷然。

纸灰飞作白蝴蝶，泪血染成红杜鹃。

日落狐狸眠冢上，夜归儿女笑灯前。

人生有酒须当醉，一滴何曾到九泉？

清明感事

〔宋〕王禹偁

无花无酒过清明，兴味萧然似野僧。

昨日邻家乞新火，晓窗分与读书灯。

破阵子·燕子来时新社

〔宋〕晏殊

燕子来时新社，梨花落后清明。池上碧苔三四点，叶底黄鹂一两声。日长飞絮轻。

巧笑东邻女伴，采桑径里逢迎。疑怪昨宵春梦好，元是今朝斗草赢。笑从双脸生。

念奴娇·书东流村壁

〔宋〕辛弃疾

野棠花落，又匆匆过了，清明时节。划地东风欺客梦，一枕云屏寒怯。曲岸持觞，垂杨系马，此地曾轻别。楼空人去，旧游飞燕能说。

闻道绮陌东头，行人曾见，帘底纤纤月。旧恨春江流不断，新恨云山千叠。料得明朝，樽前重见，镜里花难折。也应惊问：近来多少华发？

第四章

端午节的节日礼仪

26

端午节有什么来历？

农历五月初五是端午节，是我国已有两千多年历史的传统节日。农历五月初五这天是我国古代爱国主义诗人屈原投江的日子，南朝荆楚地方将悼念屈原的活动结合到五月初五的节俗之中，这是我国端午节转变升华的重要动力。至宋代，朝廷追封屈原为忠烈公，把五月初五定为端午节，并由各地官府组织纪念活动。此后端午节遂成为全国性的重要大节，近年国家更是把此日定为法定假日之一，端午节也成为我国的四大民俗节日（春节、清明、端午、中秋）之一，受到人们的重视。

在传统民俗节日中，端午节的名称叫法是最多的。古代"端"和"初"的意思是相同的，"端五"也就是初五。宋代陈元靓在《岁时广记·端五》中记载："京师市尘人，以五月初一为端一，初二为端二，数以至五谓之端五。"端五的"五"字又与"午"相通，按地支顺序排列，五月也正是午月，又因午时为阳辰，所以端五也叫"端阳"。五月初五，月为五，日为五，故又称"重五"或"重午"。

端午节、重五节的称呼出于唐代以前，只因唐太宗李世民的生日是八月初五，为了避讳，才改五为午，始有端午节、重午节之说。

此外，端午节还被称为端节、蒲节、天长节、女娲节、龙子节、娃娃节、龙船节、香包节、白赏节、粽包节、药王节、讨债节、谢师节。因为端午节在农历五月份，京城百姓更习惯叫它五月节。

关于端午节的由来，有很多说法，闻一多先生认为端午节是龙的节日。现在学术界大多沿用此说。此外，还有说是纪念伍子胥或起源于夏、商、周时期的夏至节等。而民间流传较广的说法是为了纪念古代伟大爱国诗人屈原而兴起的。

屈原出生在两千多年前的楚国，曾为楚国左徒（仅次于宰相的官职）。由于楚王宠信奸佞，听信谗言，政治腐败，当楚国首都为秦攻破时，屈原无力挽救危亡，又深感自己的政治理想不能实现，就于公元前278年农历五月初五抱石跳入今湖南省汨罗江而死。传说屈原死后，楚国百姓哀痛异常，纷纷拥到汨罗江边去凭吊屈原。渔夫们划起船只，在江上来回打捞他的真身。有位渔夫拿出饭团扑通扑通丢进江里，说是鱼、龙、虾、蟹吃饱了，就不会去咬屈原的身体了，人们见后纷纷效仿。一位老医师则拿来一坛雄黄酒倒进江里，说是要药晕蛟龙水兽，以免它们伤害屈原。后来为防饭团为蛟龙所食，人们想出用楝树叶包饭，外缠彩丝，后发展成粽子，又叫"角黍""筒粽"，后来逐渐形成了一种稳定的习俗。

由于屈原爱国主义精神及其诗词的深刻影响，秦汉以后，端午节纪念屈原一说由楚地逐渐传播到全国，并为我国人民所公认。因此，端午节成为一个风俗活动十分丰富的传统节日，是南北风俗融合的产物，而且，随着社会的发展，端午节也不断被注入了新内容。

27

端午有哪些食俗？

　　端午食俗首推吃粽子。粽子古称"角黍"。《本草纲目》记载："古人以菰芦叶裹黍米煮成，尖角，如棕榈叶心之形，故粽，曰角黍。"远在魏晋之时，周处在《风土记》中就说："仲夏端午，烹鹜角委。"这说明早在晋代端午吃粽子已成习俗。

　　端午包粽子、吃粽子这一习俗盛行全国，粽子的种类也颇多，有湖州肉粽、八宝肉粽、台湾肉粽、豆沙粽、咸粽等。苏州粽子、广东粽子、北京粽子、宁波粽子和台湾八宝粽等被视为我国的名粽。其中苏州粽子为四角形，有鲜肉馅、枣泥馅、猪肉馅、豆沙馅等品种；广东粽子用荷叶包裹，个头大，正面方形，后背隆起一只尖角，以蛋黄做成的肉黄粽和什锦粽风味独特；北京粽分糯米粽和大黄米粽，大黄米粽是北方粽子的代表品种，别有风味。至于古代的粽子，从诗人的笔下也可见一斑。唐代元稹的"彩缕碧筠粽，香粳白玉团"，写出了粽子的味道和形式。唐代温庭筠的"盘斗九子粽，瓯擎五云浆"，描绘了粽子的大小和质量。而唐代姚合的"渚闹渔歌响，风和角粽香"，表明粽子在那时已成为民间过端午节的普及食品。

　　有的人专包江米小枣粽子，还赋予了它文化内涵。放一粒枣的粽子叫红心粽，放两粒枣的叫夫妻粽、爱情粽，放三粒枣的叫福禄寿三星粽，放四粒枣的叫四季平安粽、四喜粽，放五粒枣的叫五子登科粽、五福粽等。

端午节家家都离不开粽子，所以民间又称它为结缘粽。对人们来说，端午节包粽子是一大乐趣，吃粽子是一大享受。民间有一首民谣生动描绘了民间过端午节时的热烈场面："粽子香，香厨房。艾叶香，香满堂。桃枝插在大门上，出门一望麦儿黄。这儿端阳，那儿端阳，处处都端阳。"

唐宋时期，粽子特别受到皇家的喜爱。唐明皇在位时，每年端午节时，在端阳宫里都要精工制作一批粽子和粉团。将糯米粉团放在金盘之中，然后让宫女们用金质小弓箭去射盘中的粉团。射中者以粽子为奖品。因为粉团圆滑，并不好射，宫女们要想得到粽子的奖赏还真得费一番功夫，射不好就会滑团而过。唐明皇则在一旁拍手取乐，并吟出了"四时花竞巧，九子粽争新"的诗句。这种宫廷游戏至宋代一直延续不断。

端午节吃粽子的习俗不仅在国内流行，还早已漂洋过海传到了世界各地，特别是日本、朝鲜、东南亚地区也非常普遍，凡是有华人居住的地方，都会有吃粽子的风俗。

28

端午节赛龙舟的习俗是怎么来的？

划龙舟是端午节的主要习俗，相传起源于古时楚国人舍不得贤臣屈原投江死去，许多人划船追赶相救。他们争先恐后，追至洞庭湖时不见了屈原的踪迹，之后每年五月初五便划龙舟以纪念他，借划龙舟驱散江中之鱼，以免鱼吃掉屈原的身体。

竞渡之习，盛行于吴、越、楚。最早记载龙舟竞渡的是南朝的《荆楚岁时记》，说五月初五这天举行竞渡。明朝以后，这种习俗更加盛行，不仅官廷，民间各地也都举行竞渡，其场面极为壮观。

其实，从红山文化遗址发掘出来的龙形玉器中可以发现，我国原始先民对龙的认识是一种马头蛇身、无角无须、无鳞无足的动物。传说原始人能在山口或山槽处用石头垒坝，砌成山凼，引龙进入，捕捉后进行驯养，作为水上交通工具。但这种办法十分冒险，于是人们就用独木剜制成小舟代替了龙。

到了战国时期，《穆天子传》和屈原的《东君》才将舟正名为"龙舟"。从这种传说中可以看出龙舟也与屈原有关。

在击鼓声中划刻成龙形的独木舟，做竞渡游戏，以娱神乐人，是祭仪中半宗教性、半娱乐性的节目。赛龙舟除纪念屈原之外，在各地还被赋予了不同的寓意。

苏浙地区划龙舟，兼有纪念当地出生的近代民主革命志士秋瑾的意义，夜龙船上，张灯结彩，来往穿梭，水上水下，情景动人，别具情趣；贵州苗族人民在农历五月二十五至二十八举行"龙船节"，以庆祝插秧胜利和预祝五谷丰登；云南傣族同胞则在泼水节赛龙舟，以纪念古代英雄岩红窝。不同民族、不同地区流传的划龙舟的传说有所不同。直到今天，南方不少靠近江河湖海的地区，每年端午节人们都要举行富有特色的龙舟竞赛活动。

现在，龙舟竞渡以更加美丽而矫健的姿态展现在世人面前，由纪念的、娱乐的习俗，发展为体育活动。从 1991 年起，在湖南岳阳举办的一年一度的国际龙舟竞赛，已闻名遐迩。此外，划龙舟也先后传入日本、越南、英国等国家。1980 年，赛龙舟被列入中国国家体育比赛项目，并每年举行"屈原杯"龙舟赛。

29

端午节为什么要挂艾蒿、插菖蒲？

◇ **挂艾蒿**

艾蒿，又叫白艾、五月艾，是我国大多数地区都有的一种野生药材，有一种特别的芳香，可以入药。艾蒿晒干后点燃，可以用于驱蚊，过去民间的夏夜，人们还常将其用于驱蚊。将其碾碎成为艾绒之后，也是制造针灸用的灸条的主要原料。在端午这天，人们将其悬挂在大门上，认为可以去毒，这最早见于南朝的《荆楚岁时记》一书，可见这种风俗很早就出现了。

◇ **挂菖蒲**

菖蒲，也是一种常见的野生药材，也有一定的芳香味，但比艾蒿要弱得多，中医主要用其根部入药。由于菖蒲的叶片狭长似剑，也有药用功能，所以古人过端午节也将其悬挂在大门上，认为可以去毒。此风俗也一直延续至今。

30

小朋友在端午节戴在手上的五彩绳结是什么？

全国各地在端午节的一个重要习俗就是戴长命缕。长命缕是用红、黄、蓝、绿、紫等五种颜色（有的地方为红、黄、绿、白、黑或红、黄、蓝、白、黑五种颜色）的线搓成的彩色线绳，或做成日、月、星、花、草、鸟、兽等的形状。端午之时系在孩子的手腕、脚腕和脖子上，也叫"五彩长命缕""续命缕""五彩缕""五色线""五色丝""宛转绳""花花绳""健牛绳""长命锁""长索""朱索""百索""百索线""辟兵缯"等，是端午节必备的物品。长命缕的五种颜色代表东、南、西、北、中五方，也有说代表金、木、水、火、土五行的。端午佩戴长命缕，俗信可以驱毒避邪，对小孩子来说也是漂亮的装饰。

戴长命缕在我国有悠久的历史。汉代应劭的《风俗通》中记载："五月五日，以五色丝系臂，名长命缕。"据此，端午戴长命缕的习俗至今已有两千多年了。《西京杂记》曾提到汉宣帝幼时他的母亲曾经制作五彩宛转绳，在端午节时系在他的手臂上，并在绳上特意穿系了一枚小小的身毒国（印度）宝镜，用以辟邪。

这一习俗深受孩子们喜爱，时至今日，我国各地依然有在端午节给孩子戴长命缕的风俗。陕西一带，端午节当天，家长会把长命缕系在小孩的手腕、脚腕和脖颈上，用以避邪和防止五毒侵害。长命缕要戴到"六月六"，然后把它剪下来，丢进河里让水冲走。这种做法据说与药王孙思邈有关。将长命缕丢进河里，意味着百病随着长命缕被河水带走了，具有送灾的意思。山东各地也有类似习俗（日照一带的长命缕为七色线），多是在节后第一次下雨时取下扔到雨水里。俗信这些长命缕遇到夏日的雨水，会变成蚰蜒等毒虫，孩子们把"它们"扔到雨水中淹死，就不会受到毒虫的侵害了。台湾也有端午为小孩子戴长命缕的习俗，只不过是男孩子戴在左腕，女孩子戴在右腕，叫作"神炼"。

端午戴长命缕并没有多少科学依据，但我们也似乎没有必要予以指责。作为一种传统的风俗习惯，它能起到心理安慰的作用，同时也体现了大人对孩子的关心和爱护，寄托了他们的美好愿望。

31

—

端午为什么要喝雄黄酒？

作为一种药材，雄黄可以用作解毒剂、杀虫药。古代人就认为雄黄可以克制蛇、蝎等百虫，"善能杀百毒、辟百邪、制蛊毒，人佩之，入山林而虎狼伏，入川水而百毒避"。古人不但把雄黄粉末撒在蚊虫滋生的地方，还饮用雄黄酒来祈望能够避邪，让自己不生病。

把雄黄研成末和酒，即为雄黄酒，具有消毒作用。我国民间有"早端午，晚中秋"之说，古人以为晨属龙，晨时正是群龙行雨之时，故在端午节早晨设雄黄酒以祈雨，希望有个风调雨顺、五谷丰登的好年景。有的地方，人们还喜欢在端午清晨把雄黄酒或雄黄水洒在屋子外，涂在小孩耳、鼻、头额和面颊上，以避除毒虫、蚊蝇叮咬，驱散瘟疫毒气。关于雄黄酒的功效，在我国还流传着脍炙人口的神话故事《白蛇传》：

五月初五，许仙设雄黄酒与爱妻白娘子饮宴，共度端午佳节，蛇精白娘子因饮了雄黄药酒而原形毕露，许仙见了被吓得魂不附体，气息奄奄，几乎丧命。事后，许仙方知朝夕相处的妻子原来是一条白蛇精变化的美女。

雄黄药酒实际上没有这样大的"神威"，不过人们把房子打扫干净，在房内特别是食物贮藏室、厨房洒上雄黄水，却能杀死或防止毒虫，消灭病菌。

端午节饮雄黄酒，还有另一个说法。传说屈原投江之后，为了不让蛟龙吃掉屈原的遗体，一位老医生拿来一坛雄黄酒倒入江中，说是可以药晕蛟龙。一会儿，水面果真浮起一条蛟龙。至今，我国不少地方仍有在端午节喝雄黄酒的习惯。

端午节这天，人们把雄黄倒入酒中饮用，并把雄黄酒涂在小孩的耳、鼻、额头、手、足等处。还有一种方法是用雄黄酒在小孩额头画"王"字，一借雄黄以驱毒，二借猛虎（"王"似虎的额纹，虎为兽中之王，因以代虎）以镇邪，希望孩子们不受蛇虫的伤害。

32

―

端午节与药王节有什么关系?

五月初五相传为药王菩萨生日,故称药王节。全国许多地方习惯采集艾蒿、菖蒲、枫叶、蒜皮、淡竹叶等中草药熬水洗澡,称之为"沐浴兰汤,除病健康"。民间还有以金银花、土茯苓、甘草等药物煮豆或蛋来吃的习俗,这有利于清热解毒和祛除风湿。民间还有于此日扯车前草、枯草等洗净晒干,待夏日泡凉茶喝的乡俗。《荆楚岁时记》就曾记载:"是日(指端午),采杂药。"此习俗民间更是历代相传。其实端午采草药的节俗应大力提倡,其意义不只在治病,更主要的是可增强人民对祖国医药文化的认识和防病保健意识。

◇ **采车前子**

车前子为草本植物,北方许多地区把它当作茶饮用,传说它能驱邪解毒,是一种吉祥植物。人们在端午节这天早上太阳出来之前,都要到地里去挖车前子,百姓称其为挖"猪耳朵"(因车前子形似猪耳朵得名)。而且一定要挖带着露水的,因说那是上天赐予的甘露,人们常会把这天挖来的"猪耳朵"晾干后收藏。乡间在秋天收割、打场、晒麦时,还要拿出来当茶饮用,不仅可以祛暑解渴,而且有利水、通淋、止泻、清肝、明目、化痰、解毒之功效,还能治口舌干、咽炎、头昏等症。由此,端午挖"猪耳朵"也成了一种节俗。

◇ 制作蛤蟆墨

　　端午节制作蛤蟆墨也是一种节俗。在每年五月初五的早晨，许多人家都要去郊区水塘边抓蛤蟆，在民间称之"癞蛤蟆"（蟾蜍）。老北京民间有句俗语叫"癞蛤蟆躲不过五月五"就是对这种习俗的写照。

　　制作蛤蟆墨的方法是，在正午太阳暴晒时，把古墨塞进蛤蟆嘴里至肚中到尾处，然后晒干收藏作药用。这样处理后的古墨，可以治多种病症。若皮肤红肿发炎，取来用唾液稀释敷于患处，可消炎去肿解毒。过去民间就把它当作消炎膏使用。

　　关于癞蛤蟆的药用价值，在许多典籍中确有记载。《玄中记》记载："食之青寿千岁。"《药性论》记载："端午，取虾蟆、眉脂，以朱砂麝香为丸，如麻子大。孩儿疳瘦者，空心一丸。如脑疳，以奶汁调滴鼻中，立愈。"《荆楚岁时记》记载："五月五日，俗以此日取蟾蜍为辟兵，六日则不中用。"《神仙本草》又载："虾蟆一名苦蛋。五月五日取东行者四枚，反缚著密室中闭之，明旦启示，自解者取为术用，能使人缚自解，烧灰敷疮立验，其筋涂玉，刻之如蜡。"

33

有哪些关于端午的诗词佳句？

减字木兰花·竞渡

〔宋〕黄裳

红旗高举，飞出深深杨柳渚。鼓击春雷，直破烟波远远回。

欢声震地，惊退万人争战气。金碧楼西，衔得锦标第一归。

渔家傲·五月榴花妖艳烘

〔宋〕欧阳修

五月榴花妖艳烘，绿杨带雨垂垂重，五色新丝缠角粽。金盘送，生绡画扇盘双凤。

正是浴兰时节动，菖蒲酒美清尊共，叶里黄鹂时一弄。犹瞢忪，等闲惊破纱窗梦。

临江仙·高咏楚词酬午日

〔宋〕陈与义

高咏楚词酬午日，天涯节序匆匆。榴花不似舞裙红。无人知此意，歌罢满帘风。

万事一身伤老矣，戎葵凝笑墙东。酒杯深浅去年同。试浇桥下水，今夕到湘中。

端午即事

〔宋〕文天祥

五月五日午，赠我一枝艾。

故人不可见，新知万里外。

丹心照夙昔，鬓发日已改。

我欲从灵均，三湘隔辽海。

第五章

七夕节的节日礼仪

34

七夕节有什么来历？

在我国，农历七月初七的夜晚，天气温暖，草木飘香，这就是人们俗称的七夕节，也有人称之为"乞巧节"或"女儿节"。这是中国民间传统节日，又被认为是"中国情人节"，是最具浪漫色彩的一个节日，也是过去姑娘们最为重视的日子。在这一天的晚上，妇女们穿针乞巧，祈祷福禄寿；礼拜七姐，仪式虔诚而隆重，陈列花果、女红，各式家具等用具都精美小巧、惹人喜爱。2006 年 5 月 20 日，七夕节被国务院列入第一批国家级非物质文化遗产名录。

七夕，原名为乞巧节，起源于汉代，东晋葛洪的《西京杂记》有"汉彩女常以七月七日穿七孔针于开襟楼，人俱习之"的记载，这便是我们于古代文献中所见到的最早的关于乞巧的记载。

"七夕"最早来源于人对自然的崇拜。从历史文献中看，至少在三四千年前，有关牵牛星织女星的记载就出现了。人们对星星的崇拜远不止是牵牛星和织女星，他们认为东西南北各有七颗代表方位的星星，合称二十八宿，其中以北斗七星最亮，可供夜间辨别方向。北斗七星的第一颗星叫魁星，又称魁首。后来，有了科举制度，中状元叫"大魁天下士"，读书人把七夕叫"魁星节"，又称"晒书节"。

"七夕"也来源于古代人对时间的崇拜。"七"与"期"同音，月和日均是"七"，更具意义。古代中国人把日、月与水、火、木、金、土五大行星合在一起叫"七曜"。七数在民间表现在时间上具有阶段性，在计算时间时往往以"七七"为终局。旧时在北京，给亡人做道场时往往就以做满"七七"为完满。以"七曜"计算现在的"星期"，在日语中尚有保留。

"七"又与"吉"谐音，"七七"又有双吉之意，是个吉利的日子。在我国台湾，七月被称为"喜中带吉"月。因为喜字在草书中的形状好似连写的"七十七"，所以把七十七岁又称"喜寿"。

"七夕"又是一种数字崇拜现象，古代民间把正月正、三月三、五月五、七月七、九月九再加上预示成双的二月二和三的倍数六月六这"七重"均列为吉庆日。"七"又是算盘每列的珠数，浪漫而又严谨，给人以神秘的美感。"七"与"妻"同音，于是七夕在很大程度上成了与妇女相关的节日。

唐宋诗词中，妇女乞巧也被屡屡提及，这一习俗尤其在民间经久不衰，代代延续。宋元之际，七夕乞巧相当隆重，京城中还设有专卖乞巧物品的市场，世人称为乞巧市。

35

牛郎织女的传说是什么样的？

在晴朗的夏秋之夜，天上繁星闪耀，一道白茫茫的银河横贯南北，银河的东西两岸，各有一颗闪亮的星星，隔河相望，遥遥相对，那就是牵牛星和织女星。七夕坐看牵牛星、织女星，便是民间的习俗。

七夕节始终和牛郎织女的传说相连，这是一个千古流传的爱情故事，更成为我国四大民间爱情传说之一。牛郎织女的故事版本很多，以下是比较通俗的版本：

牛郎是凡间的一个穷苦的放牛郎，织女是天上的神女，为天宫织成云锦天衣。一次织女下凡游玩，在河水中嬉戏，被路过的牛郎捡走了衣服。后来两人互生情愫，结为夫妇，并生下一男一女。但是人神相恋是违反天条的，王母娘娘亲自下凡，强行将织女带回天上。牛郎看见妻子被抓，立刻用扁担挑起箩筐，将一对儿女放进筐内，去追织女。正要追上的时候，王母娘娘拔下头上的金簪一挥，一道波涛汹涌的天河就出现在他面前，牛郎和织女也因此被隔在两岸，只能相对哭泣流泪。后来，他们忠贞的爱情感动了喜鹊，千万只喜鹊飞来，搭成鹊桥，牛郎织女也因此可以走上鹊桥来相会。王母娘娘对此也无奈，只好允许两人在每年农历七月初七于鹊桥相会。

后来，每到农历七月初七，也就是相传牛郎织女鹊桥相会的日子，姑娘们就会来到花前月下，抬头仰望星空，找银河两边的牛郎星和织女星，希望能看到他们一年一度的相会，祈求上天能让自己也像织女那样心灵手巧，祈祷自己能有称心如意的美满婚姻，由此，便形成了七夕节。

36

七夕节的乞巧习俗是怎样的？

旧时，七月初七是一个很热闹的节日。这天，年轻的姑娘会穿上新衣，摆上瓜果，跪拜双星乞巧。汉代时有一种"七孔针"，女子们在七月初七这天互相比赛，据说谁先把彩线穿完，谁便最手巧；唐朝时，唐玄宗与妃子每逢七夕便在宫中夜宴，宫女们各自乞巧，这一习俗在民间也经久不衰，代代延续；宋代乞巧之风更盛，每到七夕，京师居民多在庭中搭起彩楼，楼中放置牛郎、织女的雕像，称之为"乞巧楼"。楼下陈列瓜果酒宴、笔砚针线，到了晚上焚香点烛，让儿童在烛下作诗，妇女对着明月穿针，谓之"乞巧"；宋元之际，七夕乞巧更为隆重，京城中还设有专卖乞巧物品的市场，人们从七月初一就开始置办乞巧物品，乞巧市上车水马龙、人流如潮，到了临近七夕的时日，乞巧市上简直成了人的海洋，热闹非凡。由此可以看出乞巧节是古人最为喜欢的节日之一。

◇ **喜蛛应巧**

宋时的江南地区，七夕之时女子大多穿半臂花衣，胸前装饰着乞巧的楸叶、瓜果等图案，竞相往湖边放蜡制的鸳鸯等水鸟。妇人还喜欢在盒子内放上小蜘蛛，让蜘蛛在盒内织网，看织网之疏密，织得越密就越"巧"，反之则"拙"。

◇ **丢针验巧**

汉代时，也有把"穿针"转为"丢针"的，形式是在七夕夜晚，盛一碗水，放在星光下，把绣花针丢入水里，让它漂浮在水面上，星光辉映下的针影，变化多端。依其形状，可以占卜投针姑娘针绣手艺是拙是巧。如果针影像针一样细长，或像花朵一样扩散，说明织女赐给了这个女子一根灵巧的绣花针，她便可以织出美丽的图案；如果针影像棒槌一样粗，说明这个女子是个拙妇。

37

七夕还有哪些礼仪习俗？

◇ 种生求子

在七夕前几天，先在小木板上敷一层土，播下粟米的种子，让它长出嫩苗，再摆一些小茅屋模型、花木在上面，做成田舍人家的模样，称为"壳板"，或将绿豆、小豆、小麦等长出数寸的芽，用红、蓝丝绳扎成一束，称为"种生"，又叫"五生盆"或"生花盆"。南方各地也称为"泡巧"，将长出的豆芽称为巧芽，甚至以巧芽取代针，抛在水面乞巧；还用蜡塑各种形象，如牛郎织女故事中的人物，或秃鹰、鸳鸯等动物，放在水上浮游，称之为"水上浮"；又有蜡制的婴儿玩偶，妇女买回家浮于水上，为宜子之祥兆，称为"化生"。

◇ 供奉"磨喝乐"

磨喝乐是旧时民间七夕节的儿童玩物，即小泥偶，其装扮多为身穿荷叶半臂衣裙，手持荷叶。《东京梦华录》中记载："七月七夕，潘楼街东宋门外瓦子、州西梁门外瓦子、北门外、南朱雀门外街及马行街内，皆卖磨喝乐，乃小塑土偶耳。"其实宋朝稍晚以后的磨喝乐，已不再是小土偶了，相反的，越做越精致。磨喝乐的大小、姿态不一，最大的高至三尺，与真的小孩不相上下。制作的材料有象牙或龙延佛手番，磨喝乐的装扮更是极尽精巧之能事，有以彩绘木雕为栏座，或用红砂碧笼当罩子，手中所持的玩具也多以金玉宝石来装饰，一对磨喝乐的造价往往高达数千钱。

◇ 拜织女

女子大都是预先和自己的朋友或邻里们相约，少则五六人，多至十来人，联合起来举办拜织女的活动。举行的仪式，是于月光下摆一张桌子，桌子上置茶、酒、水果、五子（桂圆、红枣、榛子、花生、瓜子）等祭品，又有鲜花几朵，束红纸，插瓶子里，花前置一个小香炉。同时，约好参加拜织女的女子们，斋戒一天，沐浴停当，准时到主办人的家里来，于案前焚香礼拜后，大家一起围坐在桌前，一面吃花生、瓜子，一面朝着织女星座默念自己的心事，少女们希望长得漂亮或嫁个如意郎，少妇们希望早生贵子等，都可以向织女星默祷。

◇ 拜魁星

魁星爷就是魁斗星，是北斗七星的第一颗星，也为魁星或魁首。古代读书人考中状元时称"大魁天下士"或者说"一举夺魁"，都是源自魁星主掌考运的传说。相传七月初七是魁星的生日。古时想求取功名的读书人特别崇拜魁星，所以一定要在七夕这天祭拜，祈求魁星保佑自己考运亨通。

◇ 晒衣

汉代晒衣的风俗在魏晋时为豪门富室制造了夸耀财富的机会，名列"竹林七贤"的阮咸就瞧不起这种作风。七月初七，当他的邻居晒衣时，只见架上全是绫罗绸缎，光彩夺目，而阮咸不慌不忙地用竹竿挑起一件破旧的衣服，有人问他在干什么，他说："未能免俗，聊复尔耳！"由这则小故事看来，就知道当时七夕晒衣的风俗有多盛了。

◇ 晒书

晒书是由晒衣物演变而来的，据载，司马懿当年因位高权重，颇受曹操的猜忌，有鉴于当时政治的黑暗，为求自保，他便装疯病躲在家里。曹操仍然不大放心，就派了一个亲信令史暗中探查真相。时值七月初七，装疯的司马懿也在家中晒书。令史回去禀报曹操，曹操马上下令要司马懿回朝任职，否则即刻收押。司马懿只得乖乖地遵命回朝。七夕处在一年中天气最酷热的时间段，此时晒书，可以防蛀防虫。

38

七夕节各地都有哪些特色民俗？

◇ 广州：迎仙

广州的乞巧节独具特色，节日到来之前，姑娘们就预先备好彩纸、通草、线绳等，编制成各种奇巧的小玩意，还将谷种和绿豆放入小盒里用水浸泡，使之发芽。待芽长到二寸多长时，用来拜神，称为"拜仙禾"和"拜神菜"。从初六晚开始至初七晚，一连两晚，姑娘们穿上新衣服，戴上新首饰，一切都安排好后，便焚香点烛，跪拜星空，称为"迎仙"，从三更至五更，要连拜七次。拜仙之后，姑娘们手执彩线对着灯影将线穿过针孔，如一口气能穿七枚针孔者叫"得巧"，被称为"巧手"，穿不到七个针孔的叫"输巧"。七夕之后，姑娘们将所制作的小玩意互相赠送，以示友情。

◇ 陕西：扎巧姑

陕西黄土高原地区，在七夕节的夜晚也有举行各种乞巧活动的风俗。妇女们往往要扎穿花衣的草人，谓之巧姑，不但要供瓜果，还栽种豆苗、青葱，在七夕之夜各家女子都手端一碗清水，剪豆苗、青葱，放入水中，用看月下投物之影来占卜巧拙之命，还穿针走线，竞争高低。同时，姑娘们还举行剪窗花比巧手的活动。

◇ 广西：七夕储水

广西某些地区有七夕储水的习俗，认为用七七水洗浴能消灾除病。体弱多病的孩子，也常在此日将红头绳结七个结，戴在脖子上，祈求健康吉祥。

◇ 山东：种巧菜、做巧花

山东荣成有两种活动：一种是种"巧菜"，即少女在酒杯中培育麦芽；一种是做"巧花"，也是由少女用面粉塑制各种花式的食品。

◇ 绍兴：南瓜棚下听悄悄话

在绍兴农村，七夕这一夜少女会偷偷躲在生长得茂盛的南瓜棚下，在夜深人静之时如能听到牛郎织女相会时说的悄悄话，这待嫁的少女日后便能得到千年不渝的爱情。

◇ 福建仙游：白糖炒黄豆花生

在福建仙游，这天每家每户都会做炒豆，材料是白糖、黄豆、花生。黄豆要提前一天浸泡，第二天在锅里炒半熟备用，花生也是要在锅里炒热拿起，接着把白糖倒进锅里煮，等糖化了，再把黄豆和花生倒进锅里一起煮。

39

有哪些关于七夕的诗词佳句？

迢迢牵牛星

〔汉〕无名氏

迢迢牵牛星，皎皎河汉女。

纤纤擢素手，札札弄机杼。

终日不成章，泣涕零如雨。

河汉清且浅，相去复几许？

盈盈一水间，脉脉不得语。

乞巧

〔唐〕林杰

七夕今宵看碧霄，牵牛织女渡河桥。

家家乞巧望秋月，穿尽红丝几万条。

秋夕

〔唐〕杜牧

银烛秋光冷画屏，轻罗小扇扑流萤。

天阶夜色凉如水，坐看牵牛织女星。

鹊桥仙·纤云弄巧

〔宋〕秦观

纤云弄巧，飞星传恨，银汉迢迢暗度。金风玉露一相逢，便胜却人间无数。

柔情似水，佳期如梦，忍顾鹊桥归路。两情若是久长时，又岂在朝朝暮暮。

菩萨蛮·七夕

〔宋〕陈师道

东飞乌鹊西飞燕，盈盈一水经年见。急雨洗香车，天回河汉斜。

离愁千载上，相远长相望。终不似人间，回头万里山。

七夕二首·其一

〔明〕德容

玉露金风报素秋，穿针楼上独含愁。

双星何事今宵会，遗我庭前月一钩。

第六章

中元节的节日礼仪

40

中元节的由来和祭祖传统是怎样的？

农历七月十五为中元，与正月十五的上元和十月十五的下元共称"三元"，据说是来源于道教的"三元"说，即上元天官、中元地官、下元水官，传说天官赐福，地官赦罪，水官解厄。中元节是中国古老的传统节日。中元节同时又和清明节、寒衣节总称为"冥三节"。一说中元节来源于佛教，又称为"盂兰盆节"。

中元节也被称为"祭祖节"，人们在这一天缅怀先祖、祭拜亡人。在中国古代，相传农历七月初一为"开鬼门关"之日，七月三十为"关鬼门关"之日。古代人相信中元节这天，逝去的祖先会回家看望子孙，所以人们会准备好一日三餐，并且焚烧纸钱来供奉祖先。

"慎终追远"一直是中国人的传统，现代人过中元节的意义更在于缅怀故人、弘扬孝道。

41

中元节放河灯的习俗是怎样的?

中元节放灯的习俗具体始于何时,史料没有明确记载,但可以断定,最晚在宋代已有这种习俗。宋人吴自牧的《梦粱录》卷四载:"七月十五日……后殿赐钱,差内侍往龙山放江灯万盏。"到了元代,放河灯的活动就已经普及大江南北全国各地。到了清代,放河灯习俗的信仰已经逐渐淡化,变成了游乐玩赏为主的民间活动。

中元节祭奠亡人,最隆重的活动要数放河灯。河灯也叫"荷花灯",是在一块小木板上扎一盏灯,大多由彩纸做成荷花状,放在底座上,有的人家还把先人的名讳写在灯上,中元夜放在江河湖海之中,任其漂浮。

放河灯这项活动,要数黄河一带最为壮观。晋西北的河曲县,紧临黄河,河道开阔,水流平缓。中元节夜晚,全城老少聚集在黄河岸边的广场上,观赏河灯。各种颜色的河灯顺流而下,小孩儿紧盯着自家的河灯看能漂多远,大人则不断地祈祷,表达自己对亲人的思念。

42

河灯有哪些种类？

◇ 荷叶灯

这种灯在元代就已经出现了。据《燕京岁时记》载："谨按《日下旧闻考》，荷叶灯之制，自元、明以来即有之。今尚沿其旧也。"旧时，穷人家的孩子到了七月十五中元节，买不起灯，也买不起纸，只得到附近或郊区的河塘里去采摘大片的荷叶，将荷叶的梗柄剪掉（不能把荷叶剪破），在荷叶里放上半截蜡烛点燃后放入河中，为荷叶灯；也可以不剪梗柄，在叶片中心插上红蜡点燃，举着，到街巷去参加斗灯会。还有的孩子喜欢把剪去梗柄的荷叶反扣在头上，上插点燃的小蜡烛，形状如一顶带灯的荷叶帽。方元鹍《都万杂咏》中有这样的描述："儿童也爱中元夜，一柄荷灯绿盖头。"

◇ 荷花灯

荷花灯又称莲花灯，共有两种形式，一种是粘有纸制莲花瓣的各种形式的花灯，多为匠人的手工杰作，也有自家制作的，是为应节的观赏物。另一种是孩子们最喜欢的能放入水中的荷化灯，一般是米一朵荷花，将小红蜡插在花正中点燃后，放入水中，任其漂流。

◇ 茄子灯、西瓜灯

茄子灯是先用纸制作一朵粉红色的莲花（直径15厘米），中间插竹蕊，并插上红蜡烛，再插在横切的半个茄子上，点燃蜡烛，放入河中，任其漂流。西瓜灯则是取半个西瓜，用勺把瓜瓤吃掉，只用半个西瓜皮，四周糊上纸做的莲花瓣，中间放蜡烛，点燃后，放入河中。

43

一

中元节烧纸祭祖的习俗是怎么来的？

据说中元节的烧纸祭祖之俗源自一个民间传说：

汉代以前没有纸，字是刻在竹简木牍上的。自汉代的蔡伦改进了纸以后，用纸书写的人多了，所以造纸生意极为兴隆。其兄蔡莫受妻子慧娘的鼓动，去跟蔡伦学习造纸，但急于挣钱的蔡莫还未学成就回来办起了造纸厂。结果造出来的纸质量太次，无人来买，劣纸堆满了屋子，俩人十分焦虑。于是慧娘想出了一条妙计，对丈夫耳语一番，夫妻二人演了一出戏。

这天，夜深人静之时，蔡莫突然大哭起来，邻居们闻声赶来相问，蔡莫说因造纸的事与慧娘争吵了几句，趁自己出去办事，妻子便悬梁自尽了，希望乡亲们帮忙，等妻子娘家人来了就说妻子得急病死了，以免把事情闹大。第二天蔡莫在灵前放声大哭，岳丈来后感到女儿死因不明，问邻人，邻居都说她是得急病死的，岳丈想他们平日间夫妻感情挺好，相处和睦，又见蔡莫如此悲痛，也就不再说什么了。

这时，蔡莫一边哭一边烧纸，忽听慧娘在棺内喊道："把门打开，我回来了。"众人吃惊，揭开棺材后，慧娘油嘴滑舌地喊道："阴间钱能通四海，纸在阴间做买卖。不是丈夫把钱烧，谁能放我回家来？"她又反复唱了几遍，众人惊愕。慧娘最后定了定神说："刚才我是鬼，现在我是人。乡亲们别怕，我到了阴间，阎王爷让我推磨受苦受罪，丈夫给我送去了钱，小鬼们为了几个钱，都争着帮我推磨，真是有钱能使鬼推磨呀！我又把丈夫送给我的钱全交给了阎王，他就把我放回来了。"蔡莫还故意说："我没有给你送钱哪！"慧娘指着正在烧的纸说："那就是你送我的钱，人间拿银子当钱，可阴间是拿纸当钱的。"蔡莫一听，又抱了一堆纸来烧，说："给我父母也烧些，让他们在阴间都能过上好日子。"

乡亲们一听阴间纸能当钱花，于是就纷纷买纸为亡故老人烧纸送钱。消息一传开，方圆几十里的人也都来买纸，蔡莫一屋子的纸很快就卖光了。慧娘所谓还阳的那天正好是农历七月十五，所以人们在每年的七月十五都要为去世的亲人烧纸，以后相沿成习，留下此俗。

关于中元节烧纸的习俗还有另一个版本的民间传说：

在江苏洪泽湖一带把七月十五称为"敬孤节"。在节日风俗中，除了家家户户都要为自家过世的亲人烧纸钱外，还要争相主动地照顾、招呼孤寡老人。相传，原洪泽湖里有个叫巫支歧的水怪，它经常上岸吞食村里的儿童。村里有位独居的老人，召集全村老人共商计谋。这位老人决定由自己化装成村童，身藏毒药去引诱水怪，结果他自己被水怪吃掉，毒死了水怪，但也从此解救了全村的孩子。这天正好是农历七月十五日，后人为了纪念这位舍己救人的老人，每年到此日就会烧纸祭祀，并敬所有在世的孤老。从此便留下了此俗，沿袭下来成了"敬孤节"。

时至今日敬老习俗依存，烧纸之俗已经成为过去。中元节的习俗，剔除掉其中的迷信色彩，会发现其中包含了中华民族的传统美德——孝道。"百善孝为先"，孝是善心、良心和爱心的体现，无论是对健在的长辈，还是对已故的亲人，不忘孝道，才是"中元节"的真正意义。

44

中元节还有哪些特色风俗？

◇ **烧法船**

中元节这天，老北京的皇宫内及一些大的寺庙，有"烧法船"之俗，也称"烧活"。法船是一种大型冥器，由旧时的冥衣铺用木条或秫秸及彩纸糊制而成。法船上舱、橹、桨、舵齐全，大的可糊几层数节，抱到法会之处再拼接而成。

◇ **送羊**

农历七月十五，还被称为"送羊节"。汉代许慎《说文解字》中说："羊，祥也。"甲骨文《卜辞》中的"羊"通"祥"。可见在古代，羊这种动物一向代表吉祥之意。

此外在华北地区的一些农村，民间流行农历七月十五由外祖父、舅舅给小外甥送活羊的习俗。此风俗与沉香劈山救母的传说有关。沉香劈山救母后，要追杀虐待其母的舅舅二郎神，二郎神为重修兄妹之好和舅甥之谊，便在每年的七月十五送沉香一对活羊，据说这是取二郎神和沉香之母"杨"姓的谐音。从此，民间留下了舅舅送活羊的习俗，后来逐渐演变为送一对"面羊"。

这一民俗的另一说法是，母亲为出嫁的闺女用白面塑一双羊，当然还要蒸熟，而且羊头还要缠挂上红布条。娘家要组成一支小型送羊队伍到新姑爷家，由新姑爷动手切开"面羊"，并将切下的第一块用红绳拴挂在客厅中，这块"面羊肉"等到第二年的七月十五送来新面羊时才能取下来。这其中的讲究是"陈羊见新羊，年年有余粮"，新姑爷切完面羊后要吃羊头，出嫁的闺女则吃羊脚，其他的分送男方长辈邻里，以表和和美美，共享喜庆吉祥。

◇ 家宴

在中元节，有的人家还要举行家宴，酹酒三巡，表示祖先宴毕，合家再团坐，共进节日晚餐。天黑之后，人们便携带爆竹、纸钱、香烛，找一块僻静的河畔或塘边平地，用石灰撒一圆圈，表示禁区，再在圈内泼些水饭，烧些纸钱，鸣放鞭炮，恭送祖先上路，回转"阴曹地府"。过去，民间在七月初七通过一定仪式接先人鬼魂回家，每日晨、午、昏，供三次茶饭，直到七月十五送回为止。现在，迷信色彩逐渐被剔除，保留下了祭奠形式，作为对祖先的缅怀和纪念。在江西、湖南的一些地区，中元节更是比清明节、重阳节还要重要的祭祖日。

45

有哪些关于中元节的诗词佳句？

中元日赠张尊师

〔唐〕令狐楚

偶来人世值中元，不献玄都永日闲。

寂寂焚香在仙观，知师遥礼玉京山。

中元夜

〔唐〕李郢

江南水寺中元夜，金粟栏边见月娥。

红烛影回仙态近，翠鬟光动看人多。

香飘彩殿凝兰麝，露绕青衣杂绮罗。

湘水夜空巫峡远，不知归路欲如何。

新凉感兴

〔宋〕杨万里

初退生衣进熟衣，新凉只与睡相宜。

草争人迹微疏处，荷怯秋风欲动时。

又是一年将过眼，如何两鬓不成丝。

中元节后新来懒，草册才抄第二诗。

中元燕百丈小楼诗

〔宋〕王逵

薛老峰南更近西，小楼高阁与云齐。

中山酒熟中元节，归去从他醉似泥。

中元前一夕枕上偶成

〔清〕纳兰性德

酒醒池塘耿不眠，帐纹漠漠隔轻烟。

溪风到竹初疑雨，秋月如弓渐满弦。

残梦远经吹角戍，明河长亘捣衣天。

哀蛩饯晓浑多事，也似严更古驿边。

第七章

中秋节的节日礼仪

46

中秋节有什么来历？

中秋节，为农历的八月十五，又称为仲秋节、团圆节、八月节等，与春节、清明节、端午节并称为中华民族的四大传统节日，也是我国仅次于春节的第二大传统节日。"海上生明月，天涯共此时"，人们由天上的月圆联想到人世间的团圆，中秋节也因此被赋予了团圆的寓意，在古代被视为特别的"团圆节"。中秋节于 2006 年 5 月 20 日经国务院批准被列入第一批国家级非物质文化遗产名录，2008 年，中秋节被列为国家法定节假日。

众所周知，中秋节是汉族的传统节日。按照中国历法，一年有四季，每季又分为孟、仲、季三部分。农历八月是秋季中间的一个月，而十五又是八月中间的一天，故称"中秋""仲秋"。这一天正值秋分前后，昼夜一样长，加上秋高气爽，故中秋之夜的月亮最圆、最亮，故又称"月节"。

中秋节的起源，与古代祭月、秋祀习俗有关。进入农业文明的人类，就已认识到了月亮对生活和农业生产的重要作用。从史前考古文物中我们可以发现，新石器时代中晚期的原始人不仅在器物上刻绘太阳纹饰，也刻绘月亮纹饰。刻饰圆月图案的器物，当时用作祭月的祭器。据先秦文献载，那时有帝王春天祭日、秋天祭月的礼制，且在《周礼》一书中始见"中秋"一词。

除了祭月之外，古时秋季谷熟之时，民间还有享祀土地神的"秋报"活动。

那时，每逢中秋，夜晚要举行迎寒和祭月活动。汉代已具雏形，不过那时的中秋节是在立秋之日，晋时有中秋赏月之举，但未形成风俗。汉魏以后，已有了赏月、咏月的诗赋之作。而真正形成全国性的中秋佳节，是从唐代才开始的。到唐初时，在农历八月还只有初一是节日，并没有以八月十五为节日。传说迷信道教的唐明皇在一个名叫叶法善的道士作法下，曾于八月十五夜游月宫，并在月宫白玉造的大城楼上写了"广寒宫"三个大字。自此以后，登台观月、泛舟赏月、饮酒对月等活动就兴盛了起来。于是，民间就把八月十五日作为中秋节。赏月到宋代已蔚成风气，此后一直盛传不衰。

在中国的古代，由于战火绵绵不息，造成了国破民穷、妻离子散的局面。在这种背景下，人们渴望团聚、康乐和幸福，常常以月寄情，望月思乡，怀念亲人。由于人们对自然科学缺乏了解，便将"月缺月圆"作为"悲欢离合"的象征，由此幻想到月宫里一定有什么神仙，祭拜他们便可以保佑自己。所以，在民间逐渐形成了祭月、拜月的仪式和赏月、吃团圆月饼的风俗习惯。

47

中秋节有哪些传说？

◇ 嫦娥奔月

相传远古时候，有一年天上出现了十个太阳，直烤得大地冒烟，海水干涸，老百姓眼看无法再生活下去。

这件事惊动了一个名叫后羿的英雄，他登上昆仑山顶，运足神力，拉开神弓，一口气射下九个太阳。后羿立下汗马功劳，受到了百姓的尊敬和爱藏，不少志士也慕名前来投师学艺。奸诈刁钻、心术不正的蓬蒙也在这时混了进来。

不久，后羿娶了个美丽善良的妻子，名叫嫦娥。后羿除传艺狩猎外，终日和妻子在一起，人们十分羡慕这对郎才女貌的恩爱夫妻。

一天，后羿到昆仑山访友求道，巧遇由此经过的西王母，便向西王母求得一包不死药。据说，服下此药一半，能长生不老，全服下此药，能即刻升天成仙。

然而，后羿舍不得撇下妻子独自成仙，只好暂时把不死药交给嫦娥珍藏。嫦娥将药藏进梳妆台的百宝匣里，不料被蓬蒙看到了。三天后，后羿率众徒外出狩猎，心怀鬼胎的蓬蒙假装生病，留了下来，轻而易举地骗过了后羿。

待后羿率众人走后不久，蓬蒙手持宝剑闯入内宅后院，威逼嫦娥交出不死药。嫦娥知道自己不是蓬蒙的对手，危急之时她当机立断，转身打开百宝匣，拿出不死药一口吞了下去。嫦娥吞下药，身子立时飘离地面冲出窗口，向天上飞去。由于嫦娥牵挂着丈夫，便飞落到离人间最近的月宫成了仙。

傍晚，后羿回到家，侍女们哭诉了白天发生的事。后羿既惊又怒，抽剑去杀恶徒，不料蓬蒙早逃走了，气得后羿捶胸顿足，悲痛欲绝的后羿，仰望着夜空呼唤爱妻的名字。这时他惊奇地发现，当天的月亮格外皎洁明亮，而且上面有个酷似嫦娥的身影在晃动，正在月亮里观望着他。后羿急忙派人到嫦娥喜爱的后花园里，摆上香案，放上她平时最爱吃的蜜食鲜果和月饼，遥祭在月宫里眷恋着自己的嫦娥。

百姓们闻知嫦娥奔月成仙的消息后，纷纷在月下摆设香案，向善良的嫦娥祈求吉祥平安。从此，中秋节拜月的风俗便在民间传开了。

美丽、孤独的仙女与清冷、无垢的明月，两者的搭配，给传说写下了既完美又带有遗憾的结局。无论是那飘逸而去的身影，还是那若有若无的一丝寂寞，千百年来一直在拨动着人们的心弦，神话也因此而拥有了永恒的诗情。

◇ **唐明皇漫游月宫**

在唐朝，最富有传奇色彩的传说就是唐玄宗漫游月宫了。

相传唐玄宗与申天师及道士鸿都中秋望月，突然唐玄宗兴起游月宫之念，于是天师作法，三人一起步上青云，漫游天庭。但宫前守卫森严，无法进入，只能在云端俯瞰长安皇城。在此之际，忽闻仙声阵阵，清丽奇绝，婉转动人！唐玄宗素来熟通音律，于是默记心中。日后玄宗回忆月宫仙城的音乐歌声，自己又谱曲编舞，这便是历史上有名的《霓裳羽衣曲》。

48

古时候中秋节有什么重要的祭月仪式？

　　祭月是一种信仰，祭月也称拜月，又叫供月、礼月、供兔儿爷、斋月宫等。作为中秋节节俗的拜月大体形成于唐代，但秋夕礼则古已有之。《礼记》记载："天子春朝日，秋夕月。朝日以朝，夕月以夕。"也就是说在秋分晚上要祭月，且在古代是和春天的祭日相对的。祭日是在早晨，祭月则是在夜晚。可见，早在先秦时代，就有帝王春天祭日、秋天祭月的礼制。祭月是在中秋这一天，月亮升起的时候开始祭月。西周时，在中秋之夜，帝王要穿上白衣，骑白马前往当时国都镐京城西的月坛上去祭月。到了明代，平常百姓家也很讲究祭月风俗。据《北京岁华记》描述："中秋夜，人家各置月官符象，符上兔如人立，陈瓜果于庭，饼面绘月宫蟾兔。男女肃拜烧香，旦而焚之。"在清代祭月拜月仍是一项国家祀典，也有许多祭月的记载，如《帝京岁时纪胜》说："至于先丁后社，享祭报功，众祀秋成，西郊夕月，乃国家明礼之大典也。"由此也可以看出，先秦时的"秋夕月"与后来的中秋祭月为一脉相承。

　　明清之后，以"赏月"为中心的抒情性与神话性的文人传统减弱，社会生活中的现实功利因素突出，岁时节日中世俗的情趣愈益浓厚，功利性的祭拜、祈求与世俗的情感、愿望构成中秋节俗的主要形态。因此，"民间拜月"成为人们渴望团聚、康乐和幸福的表达方式。

北方地区祭月拜月要请"月亮马儿"，也叫"月宫稿""月宫符""月宫马儿"，俗称"兔儿爷马儿"，简称"兔儿马儿"，其实就是供月的纸像。月亮马儿大小不一，大的长达七八尺，宽三尺，小一点的长有五六尺，宽约三尺。最小的只有一尺半长，宽则一尺。用纸的颜色也不统一，有黄的、红的和白的三种。一般均为木刻水印，上印月光菩萨，道教称太阳星君，也有叫月光娘娘的，其实就是嫦娥。而商家所用的月亮马儿，上面印的是增福财神或关圣帝君等神像。所有的月亮马儿，不论上端印何神像，下端都是广寒宫桂树和捣药的大金兔子，玉兔在这里称"长耳定光仙"。月亮马儿要裱糊在秫秸秆扎制的框架上。人们把请来的月亮马儿在八月十五晚上放置在庭院中，等月亮升起后，焚香摆供，谓之供月（祭月）。

与北京祭月拜月相对的，江南一带则有"斋月宫"之俗。顾禄的《清嘉录》中记苏州此俗说："（中秋夜）每户瓶兰，香烛，望空顶礼，小儿女膜拜月下，嬉打灯前，谓之'斋月宫'。"与北方地区不同的是，斋月宫不供月亮马儿，而是供小财神，大小盈尺，并设有台阁、几案、衣冠、乐器等什物，俗称"小摆设"。

49
—

中秋赏月的风俗是怎么形成的？

赏月，是我们祖先从最早的祭月、拜月发展而来的一种对大自然的崇拜与热爱。旧时，人们在露天的场所摆供桌，上置月饼、西瓜、香瓜、葡萄、枣子、苹果、石榴等各样时鲜果品，先拜祭天上的月亮。按照古人关于"男人不拜月，女人不祭灶"的习惯做法，祭拜月的主持者必须是家中的主妇，要在家中的女性拜完之后，男人们才能去赏月。赏月时，全家人无论是年迈的老人还是天真的孩童都围坐在一起。在夜空之下，看月亮、讲神话故事、吟咏诗作、饮美酒、吃月饼瓜果等活动就成了人们生活中一种平时难得的乐趣。

在中秋节，我国自古就有赏月的习俗，《礼记》中就记载有"秋暮夕月"，即祭拜月神。

在唐代，中秋赏月颇为盛行。中秋赏月最兴盛的时期是在宋代，由此也传出了苏东坡的"明月几时有，把酒问青天"等千古美句。正如人们常说的"月到中秋分外明"，再加之中秋夜天气不冷不热，天空中湿气稀薄，云彩少，玉宇澄澈，一望无际，是瓜果飘香的丰收季节，又是赏月的最好时候。据《东京梦华录》记载："中秋夜，贵家结饰台榭，民间争占酒楼玩月。"每逢这一日，京城的所有店家、酒楼都要重新装饰门面，牌楼上扎绸挂彩，出售新鲜佳果和精制食品，夜市热闹非凡，百姓们多登上楼台，一些富户人家在自己的楼台亭阁上赏月，并摆上食品或安排家宴，全家团圆，共同赏月叙谈。

明清以后，中秋节赏月风俗依旧，许多地方还形成了烧斗香、树中秋、点塔灯、放天灯、走月亮、舞火龙等特殊风俗。

50

中秋吃月饼的风俗是怎么来的?

月饼,又称胡饼、月团、小饼、宫饼、团圆饼等,是古代中秋祭拜月神的供品,沿传下来,便形成了中秋吃月饼的习俗。

月饼在我国有着悠久的历史。据史料记载,早在殷周时期,苏、浙一带就有一种纪念太师闻仲的边薄心厚的"太师饼",此乃我国月饼的"始祖";汉代张骞出使西域时,引进了芝麻、胡桃,更是为月饼的制作增添了辅料,这时便出现了以胡桃仁为馅的圆形饼,名曰"胡饼";唐代,民间已有了专门从事"胡饼"生产的饼师,京城长安也开始出现了糕饼铺。据说,有一年中秋之夜,唐玄宗和杨贵妃赏月吃胡饼时,唐玄宗嫌"胡饼"名字不好听,杨贵妃仰望皎洁的明月,心潮澎湃,脱口而出"月饼",从此"月饼"的名称便在民间逐渐流传开了。

"月饼"一词,最早见于南宋吴自牧的《梦粱录》一书中。对中秋赏月,吃月饼的描述,则在明代的《西湖游览志会》中才有记载:"八月十五日谓之中秋。民间以月饼相馈,取团圆之意。"

北宋皇家中秋节喜欢吃一种"宫饼",民间俗称为"小饼"或"月团"。苏东坡有诗云:"小饼如嚼月,中有酥与饴。"宋代的文学家周密,在记叙南宋都城临安见闻的《武林旧事》中首次提到"月饼"的名称。

中秋吃月饼在民间流传开来是在明代,当时心灵手巧的饼师把嫦娥奔月的神话故事做成艺术图案印在月饼上，使月饼成为备受人们青睐的中秋佳节美食。

清代，月饼的制作工艺则有了较大提高，品种也不断增加。清代诗人袁景澜有一首颇长的《咏月饼诗》，从月饼的制作、亲友间互赠月饼到设家宴及赏月，叙述无遗。

吃月饼在今天仍是中秋的节日食俗。中秋月饼礼俗的文化内涵是以月饼喻团圆，在很多地区，中秋佳节，亲戚朋友互赠月饼作为一种传统习惯在代代传承中正被赋予更多时代内涵。

51

为什么中秋节也有很多地方玩花灯？

中秋节是我国三大灯节之一，有许多游戏活动，首先是玩花灯。当然，中秋节没有像元宵节那样的大型灯会，玩灯主要是在家庭、儿童之间进行的。

早在南宋《武林旧事》中，记载中秋夜节俗，就有将"一点红"灯放入江中漂流玩耍的活动。中秋玩花灯，多集中在南方。如佛山的秋色会上，就有各式的彩灯：芝麻灯、蛋壳灯、刨花灯、稻草灯、鱼鳞灯、谷壳灯、瓜子灯及鸟兽花树灯等，令人赞叹。

在广东地区，中秋夜要进行树中秋活动，"树"亦作"竖"，即将扎好的彩灯高竖起来之意。小孩子们在家长协助下用竹纸扎成兔子灯、阳桃灯或正方形的灯，横挂在短竿中，再竖起于高竿上，彩光闪耀，为中秋之夜一景。孩子们多互相比赛，看谁竖得高、竖得多、彩灯最精巧。另外，还有放天灯的，即孔明灯，用纸扎成大型的灯，灯下燃烛，热气上腾，使灯飘飞在空中，引人欢笑追逐。此外，还有儿童手提着各式花灯在月下游嬉玩赏。

在广西南宁一带，除了以纸、竹扎各式花灯让儿童玩耍外，还有很朴素的柚子灯、南瓜灯、橘子灯。所谓柚子灯，是将柚子掏空，在柚子皮上刻出简单图案，穿上绳子，内点蜡烛即成，光芒淡雅。南瓜灯、橘子灯也是将瓤掏去制作而成。这些灯虽然朴素，但制作简易，很受欢迎。有些孩

123

子还把柚子灯放入河水中做游戏。

广西有简单的户秋灯，是以六个竹篾圆圈扎成灯，外糊白纸，内插蜡烛即成，挂于祭月桌旁祭月用，也可给孩子玩。

如今不少地区，在中秋夜布置灯会，扎制用电灯照亮的大型现代彩灯，还有用塑料制成的各式新型花灯供孩子玩，虽种类丰富，但却少了一份旧时彩灯的纯朴之美。

南方还广泛流传着烧瓦子灯（或称烧花塔、烧瓦塔、烧番塔）的游戏。广东潮州的烧瓦塔，是以砖瓦砌成空心塔，填入树枝烧起火来。同时，还燃烟堆，就是将草柴堆成堆，在拜月结束后燃烧。

52

中秋节还有哪些特色风俗习惯？

有关中秋节的传统习俗，由于受到地域文化影响，形成了许多具有特色的活动形式。

◇ 全家人分食西瓜

中秋之夜的祭月、拜月和赏月都离不开供品，供品以时令瓜果为主，必有西瓜。中秋前几天，民间各户都要精选上好的西瓜，放到中秋节时祭月，中秋节夜晚，将西瓜切开，祭月后由全家老少分食。传说，西瓜是一种野兽的头，它凶猛强悍，每年农历八月十五的夜里总要出来伤人，所以人们要在中秋之夜吃兽头（西瓜）以解气。这种习俗在某些地方仍存。

◇ 打响鞭

还有的地区，中秋之夜在祭月拜月之后，乡里的小伙子还要玩打响鞭，即马鞭，马鞭上还要蘸硫黄水，称"火龙"。中秋之夜，每当月落西沉时，还会听到门外到处响起清脆的鞭声和孩子们的嬉笑声。

◇ 糊窗户

在北京的门头沟地区，每逢八月十五还有一个习俗，就是在中秋节中午，家家户户都要糊窗户。因为，经过了一个夏天的风吹雨淋，窗户纸大多破烂了，到了八月十五，时至中秋，天气开始转凉了，人们就撕去破旧窗户纸，而换上新纸。据说，在八月十五中秋节这天糊窗户，能把"老爷儿"（太阳）糊在屋里面，这样，整个冬季屋里都是暖和的；如果过了这一天再糊窗户，就把太阳糊在外面了，冬季屋里就会很冷。

◇ 乞月为媒

乞月为媒也是中秋节的一种民间习俗，特别是在广东东莞地区广为流行。在每年八月十五中秋节的后半夜，约三更时分，未婚的男青年三五成群地聚在一起，在月光下燃烧香烛，向月下老人乞拜。据说，这天晚上正是月老为凡间男女牵线做媒的时候，谁对月老表现得虔诚，月老就会成全谁，为其觅上一个称心如意的好妻子。

53

少数民族也过中秋节吗？

中秋不仅是汉族的盛大节日，也是许多少数民族庆祝的传统佳节。

云南新平一带的傣族人民在农历八月十五这一天要举行盛大的中秋拜月活动。中秋节上午，小伙子们要上山打猎，姑娘们在池塘打鱼，老年妇女则在家中舂糯米做圆饼。傍晚时分，人们便在土屋房顶上摆上方桌，方桌的四周各放一个糯米圆饼，每个圆饼上要插上一炷冷香。月亮升起后，再点燃冷香，男人们对空鸣放药枪，然后男女老少对月膜拜，大家围坐在一起，共吃圆饼，一起赏月。

拉祜族人民把农历八月十五叫作"月亮节"。拉祜族人要在这一天精选出最好的瓜果，献给为人们分出耕种时令的月亮。祭品要用篾桌摆设，届时，全寨大人小孩在月光下围着跳芦笙舞，庆祝丰收。

鄂西的苗族人民要在八月十五举行"照月"活动，于中秋节这天，在寨中舞坎上烧起枞木油柴火来照月。月光普照大地的同时，柴火又映红了夜空，人们在月光下、篝火旁尽情歌舞。人们到舞坎来跳"板凳舞"，边跳还边唱，以祈番薯丰收。子时，各家各户都要卜地去挖番薯，回家蒸煮，全家共食，并求番薯神保佑全家老幼平安幸福，故又名番薯节。

湖南侗乡的中秋之夜，还流行着一种有趣的"偷月亮菜"风俗。相传古时候，月宫里的仙女在中秋晚上要降临下界，她们把甘露洒遍人间。仙女赐甘露是公平的，因此，人们这一夜可以共同享受洒有甘露的瓜果蔬菜。

　　中秋之夜，侗家姑娘打着花伞，选取自己心爱后生的园圃，去采摘瓜菜，而不会被人看成是"偷盗"。她们还要有意地高声叫喊："喂！你的瓜菜被我扯走了，你到我家去吃油茶吧！"原来，她们这是借助月宫仙女传递红线呢。如果能摘到一个并蒂的瓜果，这表示她们能有幸福的爱情。因此，成双生长的瓜菜便成了她们采摘的对象。已婚妇女们这夜也同样到别家园圃里去"偷月亮菜"，不过，她们希望能采到一个最肥的瓜或一把活鲜青翠的毛豆，因为，这象征着小孩的肥壮、毛头（毛豆的谐音，指小孩）的健康。小伙子们也有"偷月亮菜"的习俗，因为他们也希望月宫仙女能赐给他们幸福。不过，他们只能在野地里煮了吃，不能带回家去。"偷月亮菜"为侗寨的中秋之夜增添了无限欢乐和神奇异彩。

　　广西西部壮族有在中秋节"祭月请神"的习俗，每年农历八月中旬，有的就在中秋夜，人们在村头村尾露天处，设一供桌，供放祭品和香炉，桌子右边竖立高约一尺的树枝或竹枝，象征社树，亦作月神下凡与上天的梯子，这里保存了古老的月亮神话因素。整个活动分为四个阶段：请月神下凡，由一名或两名妇女作为月神的代言人；神人对歌；月神卜卦算命；歌手唱送神咒歌，送月神回天。

54

有哪些关于中秋的诗词佳句？

十五夜望月

〔唐〕王建

中庭地白树栖鸦，冷露无声湿桂花。

今夜月明人尽望，不知秋思落谁家。

八月十五夜月二首

〔唐〕杜甫

满月飞明镜，归心折大刀。转蓬行地远，攀桂仰天高。

水路疑霜雪，林栖见羽毛。此时瞻白兔，直欲数秋毫。

稍下巫山峡，犹衔白帝城。气沉全浦暗，轮仄半楼明。

刁斗皆催晓，蟾蜍且自倾。张弓倚残魄，不独汉家营。

水调歌头·明月几时有

〔宋〕苏轼

丙辰中秋，欢饮达旦，大醉，作此篇，兼怀子由。

明月几时有？把酒问青天。不知天上宫阙，今夕是何年？我欲乘风归去，又恐琼楼玉宇，高处不胜寒。起舞弄清影，何似在人间。

转朱阁，低绮户，照无眠。不应有恨，何事长向别时圆？人有悲欢离合，月有阴晴圆缺，此事古难全。但愿人长久，千里共婵娟。

阳关词·中秋月

〔宋〕苏轼

暮云收尽溢清寒，银汉无声转玉盘。

此生此夜不长好，明月明年何处看。

一剪梅·中秋无月

〔宋〕辛弃疾

忆对中秋丹桂丛。花在杯中，月在杯中。今宵楼上一樽同。云湿纱窗，雨湿纱窗。

浑欲乘风问化工。路也难通，信也难通。满堂惟有烛花红。杯且从容，歌且从容。

第八章

重阳节的节日礼仪

55

重阳节有什么来历？

　　每年农历九月初九是我国传统的重阳节，因月和日都逢九，"九"这个数字在我国古代被认为是阳数。两个阳数重叠，所以称为"重阳节"，又称"重九"。

　　在人们的传统观念中，双九还有生命长久、健康长寿的意思，所以随着社会的发展，从二十世纪八十年代后期开始，重阳节又称中国的"老人节"。老人们在这一天或赏菊以陶冶情操，或登高以锻炼体魄。每年的这一天，全国各地都会开展各种敬老活动，给桑榆晚景增添了无限情趣。

　　重阳节的起源，最早可以推到汉初。据说，在皇宫中，每年农历九月初九这一天，人们都要登高、佩茱萸、饮菊花酒，以求长寿。汉高祖刘邦的宠妃戚夫人被吕后残害后，一位贾姓宫女被逐出宫，便将这一习俗传入了民间。又因秋季也是一年收获的黄金季节，重阳佳节，寓意深远，因此人们对此节日历来有着特殊的感情，唐诗宋词中也有不少贺重阳、咏菊花的佳作。

　　有关重阳节有这样一个传说：

　　相传在东汉时期，汝河有个瘟魔，只要它一出现，家家有人病倒，天天有人丧命，这一带的百姓受尽了瘟魔的蹂躏。

　　一场瘟疫夺走了青年恒景的父母，他自己也因病差点丧了命。恒景病愈之后，他辞别了心爱的妻子和父老乡亲，决心出去访仙学艺，为民除掉瘟魔。恒景四处访师寻道，访遍各地的名山高士，终于打听到在东方有一座最为古老的山，山上有一个法力无边的仙长。于是恒景不畏路途的艰险和遥远，开始了长途跋涉。在仙鹤的指引下，他终于找到了那座高山，找到了那个有着神奇法力的仙长。仙长也被恒景的精神感动，收留了他，教他降妖剑术，还赠他一把降妖宝剑。恒景废寝忘食苦练，最终练出了一身非凡的武艺。

这一天仙长把恒景叫到跟前说："明天是九月初九，瘟魔又要出来作恶，你本领已经学成，应该回去为民除害了。"仙长送给恒景一包茱萸叶、一盅菊花酒，并且密授避邪用法，让恒景驾着仙鹤赶回家去。

恒景回到家乡，在九月初九的早晨，按仙长的叮嘱把乡亲们领到了附近的一座山上，发给每人一片茱萸叶、一盅菊花酒，做好了降魔的准备。中午时分，随着几声怪叫，瘟魔冲出汝河，但是瘟魔刚扑到山下，突然闻到阵阵茱萸奇香和菊花酒气，便戛然止步，脸色突变。这时恒景手持降妖宝剑追下山来，几个回合就把瘟魔刺死剑下，从此九月初九登高避疫的风俗年复一年地流传了下来。

后来，人们就把重阳节登高的风俗看作是免灾避祸的活动，重阳节便这样流传下来。

56

何时开始重阳节有敬老的习俗？

大约从汉文帝时开始，尊老敬老就成为朝廷中的一种风尚，并渐渐固定为国家制度。朝廷每年要给七十岁以上的老人发手杖、羊、酒、糜粥、布帛，皇帝们还经常邀请一些年事已高的老人来赴宴，以此来带动全社会兴起尊老敬老的风尚。

汉朝时设三老，让三老掌教化。在县乡两级都有三老，官府免除他们的税收和劳役。东汉时在郡级设了三老，又在朝廷设了国三老。并且实行王杖制度，就是赐给老人王杖，这杖像苏武出使时的旌节，犹如皇上亲临。持杖老人便可享受六百石官员的待遇。魏晋之后，尊老风俗得到了沿袭，唐代朝廷还颁布了一系列敬老养老的政令，比如允许五十岁以上老兵还乡务农，免除老人的课役等，对退休的老官员也有种种优待，保障生活供给，让他们安度晚年。明代初年，朝廷对老人有三优，就是尊高年、设里正、优致仕（里正是村级主事人，致仕是退休，退休要优待），还对民间老人实行养老之政，凡八十岁以上的贫寒者，只要为人正派、乡民称善，他们就可以上公堂直谏，甚至有事可以直报朝廷。清朝，乾隆五十年大庆时举行了一次千叟宴，宴请老人多达三千人。

1989 年，国家将重阳节定为老人节（敬老节、老年节），全国各地每逢重阳节都要开展尊老、敬老、爱老、助老的活动。各级政府和企事业单位每年都组织老人重阳节游览、登高，各小区、街道和部分村镇也广泛开展老年文体活动。社会慈善事业从无到有，重阳志愿者越来越多，尊老、敬老活动的开展也越来越普遍，传统的孝道观念又得到弘扬和发展。

重阳菊花展、夕阳红书画展和老龄艺术比赛活动，也开出了一朵朵老龄文明之花。很多地方都有了老年活动室，可以下棋、打麻将、读书看报，老年时装队、秧歌队、门球队也普遍建立。老有所依、老有所学、老有所乐，现在已经充分得到实现。

57

重阳节为什么要登高？

登高是重阳节的主要习俗。它首先是和古代先民的狩猎、采集等活动相关，后来逐渐地与祭祀、山神崇拜、登高避祸、登高升仙等认识或活动发生了联系，登高也因此富含了特殊的意义。重阳登高备受后人重视，唐代文人描写重阳登高的诗非常多，大多是写重阳节的习俗，如杜甫的七律《登高》就是其中的名篇。正因为民间有此风俗，所以重阳节又叫"登高节"。

重阳登高之俗之所以传承不衰，其原因有二：一是出于登高消灾观念；二是重阳之时正是"九九艳阳天"，金秋送爽，云淡风轻，橙黄橘绿、红叶片片，人们在此时结伴登高远眺，既可锻炼身体，又可流连美景，确实心旷神怡。

登高所到之处，没有规定，一般是登高山、登高塔。随着社会的发展，重阳登高消灾观念已淡化，而趁秋高气爽之时，全家结伴登高爬山，依然是人们乐而不厌的民俗休闲活动。

58

重阳节为什么要插茱萸？

茱萸是一种散发着浓重香气的药用植物，能驱蚊杀虫，有防止秋季疫病的作用。古人据此认为：在重阳节这一天将其佩戴于臂，或用作香袋的内料，或直接把茱萸插在头上，可以避难消灾。佩戴者大多是妇女、儿童，有些地方的男子也佩戴。

插茱萸的习俗可能源于汉代，而到了唐代这种习俗就很普遍了。唐代的诗人王维曾在《九月九日忆山东兄弟》中写道："遥知兄弟登高处，遍插茱萸少一人。"宋代时，还有将彩缯剪成茱萸形状相赠并佩戴的习俗。

59

重阳赏菊有什么渊源？

重阳时节，秋风劲爽、万物清朗，菊花在秋季绽放且又能酿酒，因此，重阳佳节赏菊花、饮菊酒便渐成风俗。

我国是菊花的故乡，自古培种菊花都非常普遍。菊花是长寿之花，文人们又认为它象征凌霜不屈，在"霜降之时，唯此草盛茂"，由于品性独特，菊便逐渐成为生命力的象征。人们对其有着特殊的感情，时常赞美它，并常常举办大型的菊展。因为菊与重阳的渊源关系，这些菊展大多数都在重阳举行，故而重阳又叫菊花节。

我国民间流传的九月初九重阳节赏菊习俗，则始于东晋著名文学家、田园诗人陶渊明，他一生酷爱菊花，以菊为伴，号称"菊友"，被人们奉为"九月花神"。

陶渊明种菊，既食用又观赏。每逢秋日，当菊花盛开的时候，附近的乡亲、远处的朋友，常到他家做客赏菊。陶渊明摊煎饼、烧菊花茶款待亲朋，亲朋临走之时陶渊明还采菊相送，"今日送走西方客，明日又迎东方朋"。来赏菊的人川流不息，常使他不能按时去田园耕作。他常想，要是能让菊花一日开，客人一天来，那该多好啊！后来，他灌园浇菊时自语祝愿道："菊花如我心，九月九日开；客人知我意，重阳一同来。"说来奇怪，到九月九日那天，含苞欲放的菊花真的争奇斗艳地一齐盛开了，客人们也都在那天来了。亲朋诗友笑逐颜开，望着五彩缤纷、芳香四溢的满园菊花，吟诗作赋，都夸菊有情，不负陶公心。于是亲朋好友相约，年年重阳一日来赏菊，重阳赏菊的习俗便由此形成，流传至今。

60

重阳节喝的菊花酒有什么渊源？

重阳佳节，我国有饮菊花酒的传统习俗。菊花酒，在古代被看作是重阳必饮、祛灾祈福的"吉祥酒"。《西京杂记》中记载："菊花舒时，并采茎叶，杂黍米酿之，至来年九月九日始熟，就饮焉，故曰之菊花酒。"这是以鲜菊花酿酒，而《月令广义》讲的是以干菊花酿酒："黄菊晒干，用瓮盛酒一斗，菊花二两，以生绢袋悬于酒面上，约离一指高，密封瓮口，经宿去袋，酒有菊香。"干菊酿酒的目的是让菊花香气渗透于酒中，且不影响酒的清澈与透明。古人深信饮重阳菊花酒能延年益寿，菊花酒除了具有药用价值外，同时还寄寓了人们对健康长寿的美好愿望。

早在汉魏时期，我国酿制菊花酒就已盛行。后来，饮菊花酒逐渐成为民间的一种风俗习惯，尤其是在重阳时节，更要饮菊花酒。

到了明清时代，菊花酒中又加入了多种草药，效果更佳。制作方法为：用甘菊花煎汁，用曲、米酿酒或加当归、地黄、枸杞等药材。

明代医学家李时珍指出，菊花具有"治头风、明耳目、去痿痹"的功效。菊花酒能疏风除热、消炎解毒、养肝明目，故具有较高的药用价值。

古时的菊花酒，是当年重阳节时专为第二年重阳节酿的。九月九日这天，采下初开的菊花和一些青翠的枝叶，掺到准备用来酿酒的粮食中，然后一齐用来酿酒，以备来年九月九日饮用。传说喝了这种酒，可以延年益寿。

从医学角度看，菊花酒可以明目、降血压、治头昏，此外还有减肥、补肝气、安肠胃、轻身利血的功效。时逢佳节，秋高气爽，菊花盛开，窗前篱下，片片金黄。除登高、插茱萸外，亲友们团聚在一起，同饮菊酒，共赏黄花，真是别有一番情趣，尤其是诗人们赏菊饮酒，吟诗唱酬，更是给后世留下不少佳句。

由于菊花酒的缘故，重阳又成了祭祀酒业神的酒神节。如《山东民俗·重阳节》介绍，山东酒坊于重阳节祭缸神杜康。在贵州仁怀县茅台镇，每年重阳，开始投料下药酿酒，传说是因九九重阳，在这种旺盛的阳气下才能酿出好酒。每当烤出初酒时，老板在贴"杜康先师之神位"的地方点上香烛，摆供品祈祷酿酒顺利。在湖南宁远，每年于九月初九"竞造酒，曰重阳酒"。这些风俗表明，重阳与酒有很深的渊源。

61

重阳节还有哪些民俗活动？

◇ 重阳节骑射和围猎

九九重阳节除登高外，还有骑射和围猎等习俗。这是与北方游牧民族关系密切的一种重阳风俗。在南北朝时期，北方地区的民族发展迅速，中原重阳节的习俗影响了他们，而他们也在重阳节俗中融进了骑射、围猎的活动。

这种习俗反过来又影响了中原地区。唐宋宫廷皇室多有此举，辽金两个游牧民族建立起来的王朝自然更少不了此俗。

◇ 喝菊花茶、吃菊花糕、睡菊花枕

重阳习俗中除了饮菊花酒，还要喝菊花茶、吃菊花糕、睡菊花枕。早在屈原笔下，就已有"夕餐秋菊之落英"之句，即服食菊花瓣。民间在重阳节时用干菊花装枕头，据说可以祛头风、明眼目。

◇ 插彩旗

在重阳节，江南地区人家还有在自家门前插五彩旗的习俗。彩旗所用的纸为上等的宣纸或连史纸，有正方形、三角形、长方形等形状，大小不一，旗的边缘镶有纸质的流苏。画面的内容有"八仙过海""刘海戏蟾""竹

林七贤"等，取材于神话传说和历史故事。各家各户的彩旗迎风飘扬，争奇斗艳，令人眼花缭乱，目不暇接，有些地方还要举行彩旗大会，各种彩旗琳琅满目，显示了民间艺术的魅力。

62

有哪些关于重阳的诗词佳句？

奉陪封大夫九日登高

〔唐〕岑参

九日黄花酒，登高会昔闻。

霜威逐亚相，杀气傍中军。

横笛惊征雁，娇歌落塞云。

边头幸无事，醉舞荷吾君。

秋登兰山寄张五

〔唐〕孟浩然

北山白云里，隐者自怡悦。

相望试登高，心随雁飞灭。

愁因薄暮起，兴是清秋发。

时见归村人，沙行渡头歇。

天边树若荠，江畔洲如月。

何当载酒来，共醉重阳节。

145

九日登高

〔唐〕王勃

九月九日望乡台，他席他乡送客杯。

人情已厌南中苦，鸿雁那从北地来。

醉花阴·薄雾浓云愁永昼

〔宋〕李清照

薄雾浓云愁永昼，瑞脑销金兽。佳节又重阳，玉枕纱厨，半夜凉初透。

东篱把酒黄昏后，有暗香盈袖。莫道不销魂，帘卷西风，人比黄花瘦。

阮郎归·天边金掌露成霜

〔宋〕晏几道

天边金掌露成霜，云随雁字长。绿杯红袖趁重阳，人情似故乡。

兰佩紫，菊簪黄，殷勤理旧狂。欲将沉醉换悲凉，清歌莫断肠。

第九章

冬至的节日礼仪

63

冬至是如何成为一个节日的？

冬至，俗称"冬节""长至节""亚岁"等，是我国一个非常重要的节气，也是一个传统节日。在中国传统的阴阳五行理论中，冬至是阴阳转化的关键节气，人们认为：过了冬至，白昼一天比一天长，阳气回升，是一个节气循环的开始，也是一个吉日，应该庆贺。《晋书》上记载："魏晋冬至日受万国及百僚称贺……其仪亚于正旦。"这说明了古代对冬至日的重视。

早在两千五百年前的春秋时代，我国就已经用土圭观测太阳，测定出了冬至，它是二十四节气中最早制定出的一个，时间在每年的阳历十二月二十二日或者二十三日。冬至这天，白天最短，夜晚最长。自此日之后，白昼一天比一天长，直到九九八十一天后，就进入了温暖的春天。

冬至过节起源于汉代，盛行于唐宋，相沿至今。人们认为冬至是阴阳二气的自然转化，是上天赐予的福气。汉朝以冬至为"冬节"，官府要举行隆重的祝贺仪式，称为"贺冬"，这一天朝廷上下要放假休息，军队待命，边塞闭关，商旅停业，亲朋各以美食相赠，相互拜访，欢乐地过一个"安身静体"的节日。唐宋时期，冬至是祭天祭祖的日子，皇帝在这天要到郊外举行祭天大典，百姓在这一天要拜父母尊长。

谚语中还有"冬至大如年"的说法，由此可以看出冬至在人们心目中的地位是非常重要的。"冬至大如年"的说法还因为冬至距离春节比较近，家家户户都开始置办年货，饮食方面比较充裕，所以也称为"肥冬"。由于人们都兴高采烈地准备过年，所以冬至还被称为"喜冬"。

64

冬至有哪些食俗？

◇ 吃馄饨

过去老北京有"冬至馄饨夏至面"的说法。相传汉朝时，北方匈奴经常骚扰边疆百姓，当时匈奴部落中有浑氏和屯氏两个首领，十分凶残。百姓对其恨之入骨，于是用薄面皮包上肉馅，取"浑"与"屯"之音，呼作"馄饨"，恨以食之，并求平息战乱，能过上太平日子。因最初制成馄饨是在冬至这一天，所以家家户户有在冬至这天吃馄饨的习俗。

◇ 吃饺子

吃"捏冻耳朵"是河南人冬至吃饺子的俗称。为何有这种食俗呢？相传南阳医圣张仲景曾在长沙为官，他告老还乡时正是大雪纷飞的冬天，寒风刺骨。他看见南阳白河两岸的乡亲衣不遮体，有不少人的耳朵被冻烂了，这让他心里非常难过，便叫其弟子在南阳关东搭起了医棚，将羊肉、花椒和一些驱寒药材放置锅里煮熟，捞出来剁碎，用面皮包成耳朵的样子，再放下锅里煮熟，做成一种叫"祛寒娇耳汤"的药物施舍给百姓吃。百姓服食后，耳朵都治好了。后来，每逢冬至人们便模仿做着吃，所以形成吃"捏冻耳朵"的习俗。以后的人们称它为"饺子"，也有人称它为"扁食"和"烫面饺"，人们还纷纷传说吃了冬至的饺子冬天不会冻坏耳朵。

◇ 吃赤豆饭

在江南水乡，有冬至之夜全家欢聚一堂共吃赤豆糯米饭的习俗。相传，有一位叫工氏的人，他的儿子不成才，作恶多端，死于冬至这一天，死后变成疫鬼，继续残害百姓。但是，这个疫鬼最怕赤豆，于是人们就在冬至这一天煮吃赤豆饭，用以驱避疫鬼，防灾祛病。

65

冬至有哪些文化内涵？

冬至是一个非常重要的节气，在这一天，太阳直射南回归线，北半球的白昼最短，夜晚最长，因此冬至又称"至节"。俗语说冬至大如年，虽然有些夸大，但也说明了在人们的心目中，认为这一天与过年同样重要。

冬至有许多别称，这些别称中折射出了中华民族丰富多彩的文化层面和文化内涵。

别称之一是"长至"，也叫"长至节"。这是以自然现象为基础而定的，自夏至以后，白昼渐短，到了冬至时已达到了极点，冬至过后，白昼渐长，俗话说："吃了冬至饭，一天长一线。"因此人们把冬至又称"长至"，意谓白昼之长将至。

别称之二是"短至"，也叫"短至节"。这也是以自然现象为依托的别称，只是换了一个角度去解释它。"长至"说的是将来，"短至"则相反，说的是冬至这一天，冬至日至短，达到短之至，所以称"短至"。

别称之三是"肥冬"。这是从节气习俗的角度而定的。冬至在年节之前，人们过冬至饮食丰饶，而且有以酒肉赠送亲友的习俗，则称肥冬。

别称之四是"喜冬"。每到冬至时节，亲友们都要相互走访祝贺，和和气气，喜气洋洋，绅士之家还要行拜贺礼，故称"喜冬"。

别称之五是"履长节"。这是从自然现象和民间习俗两个角度来定的，因为"履长"有两种解说：从自然角度说，谓时及冬至，日当南极，受影最短，律当黄钟，其管也最长，因有履长之贺；从习俗的角度说，谓冬至阳生，白昼从此渐长，妇女在这一天要献履袜给舅姑，以示女红开始，则称"履长节"。

别称之六是"亚岁"，这是与过年相比较而产生的别称，其意是冬至仅次于过年。曹植《冬至献袜颂表》云："伏见旧仪，国家冬至……亚岁迎祥，履长纳庆。"胡朴安在《中华全国风俗志·浙江临安》中也提出："冬至俗名亚岁，大家互相庆贺，一似新年。吴中最盛，故有'肥冬瘦年'之说。"

66

在古代，冬至会举办什么活动？

古代人们认为下雨、刮风、日食、地震等自然现象都是天神在操纵，所以非常敬仰天神，每到冬至就要祭拜，以祈求风调雨顺、平平安安。古代君王也都非常重视祭天这个活动，自古君王皆认为自己是天神的化身，所以历代君王都要举行隆重的祭天大典。由于祭天场面宏大，一般都在郊外举行，所以也被称为"郊祭"。

在古时，天子祭天几乎是冬全最隆重的节目了，华夏民族对天地的崇拜一直是极为重要的精神信仰，比如最高统治者（不论是三代之王还是皇帝）都称作"天子"，表达了一种受命于天而教治万民的传统秩序观。旧时，帝王亲自参加的最重要的祭祀有三项：天地、社稷、宗庙。对天的祭祀至高无上，自然也是只有天的儿子才能承担的专门工作。天子于每年冬至等重大时节都要祭天，登基等大事也须祭告天地。

我国现存最大的祭天坛庙为始建于明永乐十八年（1420年）的北京天坛。皇帝祭天仪式极其盛大，按照典制规定，皇帝需在祭天的前三日来斋宫斋戒，祭天大典从冬至日的拂晓正式开始，据说冬至这天夜里阳气就开始逐渐增强。祭天大礼分为迎神、奠玉帛、进俎、献礼等九个环节，在古时候，每当这一日，如果是一个勤勉的天子，在孟冬寒夜初晓、星光微曦的时刻，他应该已经立于圜丘之上仰望苍茫宇宙了。

67

民间流行的《九九歌》与冬至是什么关系？

冬至在民间还叫"交九""数九"，也就是从冬至算起，每过九天算一"九"，依次推出了九"九"，共八十一天，也就是数九寒天的日子。《九九消寒歌》在民间流传已久，很多人都会背诵："一九二九不出手，三九四九冰上走，五九六九沿河看柳，七九河开，八九雁来，九九加一九，耕牛遍地走。"当然在我国不同地区，气候寒暖也有所不同，消寒歌也有一些差别。

◇ 河北《九九消寒歌》

"一九二九，哑门叫狗；三九四九，冻破碌碡；五九六九，开门大走；七九河开河不开，八九雁来雁准来；九九河重冻，米面撑破翁。"数九最早记载是在公元550年左右，梁朝人宗懔所著的《荆楚岁时记》一书中："俗用冬至日数及九九八十一，为寒尽。"

◇ 湖南《九九消寒歌》

"冬至是头九，两手藏袖口；二九一十八，口似吃辣椒；三九二十七，见火亲如蜜；四九三十六，关住房门把炉守；五九四十五，开门寻暖处；六九五十四，杨柳树上发青绦；七九六十三，行人脱衣衫；八九七十二，柳絮满地飞；九九八十一，穿起蓑衣戴斗笠。"

156

◇ **杭州《九九消寒歌》**

"一九二九，相唤不出手；三九二十七，篱头吹觱篥；四九三十六，夜眠如露宿；五九四十五，太阳开门户；六九五十四，贫儿争意气；七九六十三，布衲担头担；八九七十二，猫狗寻阴地；九九八十一，犁耙一齐出。"

68

冬至的《九九消寒图》有哪些文化含义？

冬至这天，在一些地方，人们要挂上《九九消寒图》。消寒图是记载进九以后天气阴晴的，以推测来年收成。

消寒图的形式很多。简单的是画纵横九栏格子，每格中间再画钱形，共得八十一钱，每天涂一钱，涂法是"上阴下晴、左风右雨、雪当中"，民间歌谣谓："上阴下晴雪当中，左风右雨要分清，九九八十一全点尽，春回大地草青青。"或者选择九个九画的字连成一句，放在格中，也是日涂一笔。一般选用的九画字联句有"亭前垂柳珍重待春风（風）"。

除以上的两种以外，更有一种"雅图"，是画素梅一枝，梅花瓣共计八十一，每天染一瓣，都染完以后，则九九尽，春天临。《帝京景物略》云："冬至，画素梅一枝，为瓣八十有一，日染一瓣，瓣尽而九九出，则春深矣，曰九九消寒图。"

更有韵致的是，妇女晓妆染梅。其可谓独出机杼，由梅而杏、由冬而春，季节的变换又与佳人晓妆的胭脂联系，真让人叫绝，无怪乎杨氏诗以咏之："试数窗间九九图，余寒消尽暖回初。梅花点遍无余白，看到今朝是杏株。"

其实不管哪种消寒图，在消磨时间、娱乐身心的同时，都简单地记录了气象的变化。据说有经验的老人，还能根据《九九消寒图》推测出这一年的雨水多少和收成的情况。

有的消寒图还有其他"附件"，一是联语，即在图旁标出有关的联句，如"试看图中梅黑黑，自然门外草青青"，有的是在图上印出九九消寒歌以附之；还有绘图、印俏皮话的，比如画"老虎拉碾子"，印歇后语"老虎拉碾子——不听那一套"。

画消寒图这种风俗，虽然简单，但如果巧心酝酿则别有韵致，常被寄予各种各样的感情在其中。

69

冬至还有哪些特色民俗？

◇ 宁夏：冬至吃"头脑"

银川有个习俗，冬至这一天喝羊肉粉汤、吃羊肉粉汤饺子。银川老百姓冬至这一天给羊肉粉汤叫了个古怪的名字——"头脑"。

五更天时，当家的便早早地忙活起来，把松山上的紫蘑菇洗净、熬汤，熬好后将蘑菇捞出；羊肉丁下锅烹炒，水汽炒干后放姜、葱、蒜、辣椒面翻炒，入味后将切好的蘑菇加在肉丁里再炒一下，再放入调和面、精盐、酱油；肉烂以后放木耳、金针（黄花菜）略炒，加入煮好的蘑菇汤，汤滚开后放进切好的粉块、泡好的粉条，再加入韭黄、蒜苗、香菜，这样就做好一锅羊肉粉汤了。这锅汤红有辣椒，黄有黄花菜，绿有蒜苗、香菜，白有粉块、粉条，黑有蘑菇、木耳，红黄绿白黑五色俱全，香气扑鼻，让人垂涎欲滴。

◇ 台湾：冬至祭祖

在我国台湾还保存着冬至用九层糕祭祖的传统，用糯米粉捏成鸡、鸭、龟、猪、牛、羊等象征吉祥中福禄寿的动物，然后用蒸笼分层蒸成糕，用以祭祖，以示不忘老祖宗。同姓同宗者于冬至或前后约定之早日，集到祖祠中照长幼之序，一一祭拜祖先，俗称"祭祖"。祭典之后，还会大摆宴席，招待前来祭祖的宗亲们。大家开怀畅饮，相互联络久别生疏的感情，称之为"食祖"。冬至节祭祖先，在台湾一直世代相传，以示不忘自己的"根"。

◇ 冬至进补养生

冬令进补时间有三种说法：一是在立冬后至立春前，二是在冬至前后，三是三九天。专家认为，冬令进补时间的选择因人而异。患有慢性疾病又属于阳虚体质的人需长时间进补，可从立冬开始直至立春；体质一般不需要大补的人，可在三九天集中进补。正如民间早就有"夏补三伏，冬补三九"的说法。冬至是数九的开始，因此民间认为，在冬至前后进补为最佳。

◇ 赠鞋袜

冬至节的礼俗质朴温暖，至今民间仍有冬至节请教师吃饭的习俗。晋西北地区的人民就习惯用炖羊肉招待教师，其情盛浓。

赠鞋袜的习俗则是因为这天日影最长，所以古俗以鞋袜献给尊长庆贺冬至，表示足履最长之日影祝祷长寿。曹植的《冬至献袜履颂表》有"亚岁迎祥，履长纳庆"的句子。后魏北凉司徒崔浩《女仪》曰："近古妇人，常以冬至日上履袜于舅姑，践长至之义也。"

70

有哪些关于冬至的诗词佳句？

冬至

〔唐〕杜甫

年年至日长为客，忽忽穷愁泥杀人。

江上形容吾独老，天边风俗自相亲。

杖藜雪后临丹壑，鸣玉朝来散紫宸。

心折此时无一寸，路迷何处见三秦？

冬至日遇京使发寄舍弟

〔唐〕杜牧

远信初凭双鲤去，他乡正遇一阳生。

尊前岂解愁家国，辇下唯能忆弟兄。

旅馆夜忧姜被冷，暮江寒觉晏裘轻。

竹门风过还惆怅，疑是松窗雪打声。

邯郸冬至夜思家

〔唐〕白居易

邯郸驿里逢冬至，抱膝灯前影伴身。

想得家中夜深坐，还应说着远行人。

冬至

〔宋〕王安石

都城开博路，佳节一阳生。

喜见儿童色，欢传市井声。

幽闲亦聚集，珍丽各携擎。

却忆他年事，关商闭不行。

冬至二首·其二

〔宋〕陈与义

人生本是客，杜叟顾未知。

今年我闻道，悲乐两脱遗。

日色如昨日，未觉墉阴迟。

不须行年记，异代寻吾诗。

东家窈窕娘，融蜡幻梅枝。

但恐负时节，那知有愁时。

第十章

腊八节的节日礼仪

71

腊八节有什么来历？

每年农历的十二月俗称腊月，十二月初八（腊月初八）即是腊八节，习惯上称作腊八；腊八节在我国有着很悠久的历史，在这一天做腊八粥、喝腊八粥是全国各地老百姓最传统、最讲究的习俗。

"腊月"这一名称的由来，要追溯到距今一两千年的古代。据《说文解字》注云："腊，合也，合祭诸神者。"《玉烛宝典》说："腊者祭先祖，蜡者报百神，同日异祭也。"可见"腊"是古代人们祭祀百神及祖先的一种活动。因为腊祭多在农历十二月进行，因此从周代开始，便把农历十二月叫腊月。到了汉代，又按"干支纪日"的方法，把"冬至"后的第三个戍日定为"腊日"，这就是"腊八"。

腊八节是古代人们欢庆丰收、祭祀祖先和神灵（包括门神、户神、宅神、灶神、井神）的节日。在汉代以前，人们就重视腊祭，擂鼓鸣金、翩翩起舞，乃是驱魔除妖、祈求国泰民安和迎春的憧憬。南朝《荆楚岁时记》谓："十二月八日为腊日。"

其实，中国最早出现的"腊八"与"腊八粥"并非佛教遗风，而是土生土长并有特定意义的华夏民俗，是我国汉族传统的节日。

72

关于腊八粥的民间传说有哪些？

◇ 悼念修建长城饿死者的传说

万里长城是我国独特的历史建筑，秦始皇修建长城时花费了大量的人力和物力。秦始皇残酷无比，召来成批的男子修建长城，而且长年不能回家，吃粮基本要靠家里人送。离家近的能吃到粮食，离得远的，粮食根本送不到，致使不少工人被饿死。有一年腊月初八，没有粮食吃的人们合伙把积攒在一起的几把五谷杂粮放在锅里熬成稀粥，每人勉强够分一碗。腊八天寒地冻，仅凭一碗稀粥根本无法活命，最后这些人还是被饿死在长城下。为了悼念在长城下饿死的这些人，人们在每年的腊月初八吃"腊八粥"，以示纪念。

◇ 纪念岳飞的传说

岳飞是我国历史上南宋的一位抗金英雄。相传当年，岳飞率领军队在朱仙镇对抗金兵，当时正值数九严冬，岳家军缺衣少食、受冻挨饿，百姓们都敬重岳家军，相继给他们送来粥，岳家军饱食了百姓们送来的"千家粥"，军心鼓舞，大胜而归。但由于奸臣秦桧的陷害，忠臣岳飞在杭州遇害，这天正是腊月初八，人们都非常痛心，为了纪念他，每到腊月初八，便以杂粮豆果煮粥，渐渐成了习俗。

◇ 朱元璋落难吃美食的传说

相传腊八节起源于元末明初，当年朱元璋落难时正值数九寒天，又冷又饿的朱元璋找不到吃的，正饿得两眼发昏时，看到一只老鼠从鼠洞里钻出来。他想，鼠洞里或许能有吃的，于是动手刨老鼠洞。果然从里面刨出了一些红豆、大米、红枣等七八种五谷杂粮。朱元璋把这些东西放在锅里熬成了粥，吃了之后，顿感真乃人间美味。因那天正是腊月初八，朱元璋便美其名曰"腊八粥"。后来朱元璋平定天下，做了皇帝，为了纪念他受苦时的特殊日子，于是把这一天定为腊八节，把自己那天吃的杂粮粥正式命名为"腊八粥"，并且规定在这一天皇宫中无论是皇子皇孙，还是宫女、太监等人都要吃腊八粥。

◇ 劳动才能持家守业的传说

相传有一对老夫妻，吃苦耐劳，持家节俭，攒下一笔大家业，可是宝贝儿子却不争气，娶个媳妇也不贤惠，很快就败光了家业，到了腊月初八这一天，小两口饥寒交加，幸好有村人、邻居接济，煮了一锅大米、面块、豆子、蔬菜等混在一起的"杂合粥"。这顿粥让小两口改掉了恶习，走上正道，靠勤恳的劳动使日子一天天好了起来。于是人们便借此教育子女，每逢腊八都煮粥喝，意思是："吃顿杂合粥，教训记心头。"既要牢记勤劳、节俭的美德，又盼望神灵带来丰衣足食的好年景。民间流行腊八吃粥的风俗，就是人们为了以此告诫后人而相沿的。

73

腊八节喝腊八粥的食俗是怎样的？

我国喝腊八粥的历史已有一千多年，最早开始于宋代。每逢腊八这一天，不论是朝廷、官府人士、寺院僧侣还是黎民百姓家都要做腊八粥。腊八粥是用当年收获的八种新鲜谷物和干果煮成，一般都为甜味粥。而中原地区的许多农家却喜欢吃腊八咸粥，粥内除大米、小米、绿豆、豇豆、小豆、花生、大枣等原料外，还可以加肉丝、萝卜、白菜、粉条、海带、豆腐等。

到了清朝，喝腊八粥的风俗更是盛行。在宫廷，皇帝、皇后、皇子等人都要向文武大臣、侍从宫女赐腊八粥，并向各个寺院发放米、果等供僧侣食用。在民间，家家户户也要做腊八粥，以此祭祀祖先。同时，合家团聚在一起时，人们也常食用腊八粥，并将它馈赠给亲朋好友。中国各地腊八粥的花样争奇竞巧，品种繁多。其中，以北京地区的最为讲究，掺在白米中的物品较多，如红枣、莲子、核桃、栗子、杏仁、松仁、桂圆、榛子、葡萄、白果、菱角、青丝、玫瑰、红豆、花生……总计不下二十种。人们在腊月初七的晚上就开始忙碌起来，洗米、泡果、剥皮、去核、精拣，然后在半夜时分开始煮，再用微火炖，一直炖到第二天的清晨，腊八粥才算熬好。

一些讲究的人家，还要先将果子雕刻成人形、动物、花朵等样式，再放在锅中煮。比较有特色的就是往腊八粥中放"果狮"。果狮是用几种果

170

子做成的狮形物，用剔去枣核烤干的脆枣作为狮身，半个核桃仁作为狮头，桃仁作为狮脚，甜杏仁用来作狮子尾巴，然后用糖粘在一起，放在粥碗里，活像一头小狮子。如果碗较大，可以摆上双狮或是四头小狮子。更讲究的，就是用枣泥、豆沙、山药、山楂糕等各种颜色的食物捏成八仙人、老寿星、罗汉像。这种装饰的腊八粥，只有在以前的大寺庙的供桌上才可以见到。

74

腊八节还有哪些特色食俗？

◇ 腊八蒜

老北京人家，到腊月初八这天有用醋泡蒜的习俗，叫泡"腊八蒜"。泡腊八蒜的习俗一般盛行于北方，尤其是华北地区。据老人讲，腊八蒜的"蒜"字和"算"字同音，这是因为各家商号要在这天拢账，把这一年的收支算出来，可以看出盈亏，其中包括外欠和外债，都要在这天算清楚，所以叫"腊八算"。腊八这天要债的债主子，要到欠他钱的人家送信，该准备还钱了。北京城有句民谚："腊八粥、腊八蒜，放账的送信，欠债的还钱。"后来有欠人家钱的，用蒜代替"算"字，以示忌讳，回避这个算账的"算"字，其实欠人家的，终究是要还的。

泡腊八蒜得用紫皮蒜和米醋，将蒜瓣老皮剥去，浸入米醋中，装入可以密封的罐子、瓶子之类的容器内封严，再放到一个比较冷的地方。慢慢地，泡在醋中的蒜就会变绿，最后会变得通体碧绿，如同翡翠碧玉。到了除夕晚上启封，蒜瓣湛青翠绿，蒜辣醋香融在一起，扑鼻而来，是吃饺子的最佳作料，味道独特。

◇ 腊八豆腐

"腊八豆腐"是安徽黔县民间风味特产，在腊八前后，家家户户都要晒制豆腐，民间将这种自然晒制的豆腐称作"腊八豆腐"。

◇ 腊八面

我国北方一些地方是不产大米的，因此这些地方的人在腊八节这天不吃腊八粥，而是吃腊八面。人们选用八种瓜果、蔬菜做成卤子，然后把面条擀好，到腊月初八早晨全家吃这种腊八面。因为它是一种热汤面，在寒冷的季节里吃了它，心里暖融融的。

◇ 腊八酒

也有一些地区喜欢在腊八这一天喝腊八酒，腊八酒一般是腊八这一天用糯米酿制的，到了来年酒呈暗红色，晶莹透亮，酒香浓郁。这种酒一般都是自家酿制，市面上不多见。

75

—

有哪些关于腊八节的诗词佳句？

腊日

〔唐〕杜甫

腊日常年暖尚遥，今年腊日冻全消。

侵陵雪色还萱草，漏泄春光有柳条。

纵酒欲谋良夜醉，还家初散紫宸朝。

口脂面药随恩泽，翠管银罂下九霄。

十二月八日步至西村

〔宋〕陆游

腊月风和意已春，时因散策过吾邻。

草烟漠漠柴门里，牛迹重重野水滨。

多病所须唯药物，差科未动是闲人。

今朝佛粥更相馈，更觉江村节物新。

腊日饮赵氏亭

〔元〕张翥

城上高亭一再过，每看风物费吟哦。

近诗颇效寒山子，往事徒成春梦婆。

剩买十千燕市酒，闲听二八越娘歌。

梅花枉报春消息，祗遣今年别恨多。

腊日偶题

〔元〕虞集

旧时燕子尾毵毵，重觅新巢冷未堪。

为报道人归去也，杏花春雨在江南。

第十一章

我国少数民族的重要节日礼仪

76

瑶族有哪些重要的节日?

◇ **敬鸟节**

农历二月初一是湘南瑶族的敬鸟节。这一天,江华瑶族民众穿上本民族的节日盛装,愉快地开展喂鸟、比鸟、歌鸟等活动,欢度敬鸟节。他们祝福鸟类快乐、繁盛,把自家做的圆糍粑一个个地插在房屋的四方和田土的四角,心里不停地默念着传统的祝词:"鸟神王,鸟神王,你的生日我不忘。吃饱吃好娶个够,为我农夫大帮忙。"敬祭完毕,一家人才坐在堂屋里火塘边,欢欢喜喜地吃糯米粑粑。早饭之后,男女老少成群结队,高高兴兴地去赶"鸟会"。

传统的鸟会有比鸟、歌鸟两项活动。"比鸟"是甲、乙两方把各自的鸟笼挂在一起,双方的鸟便会搏斗起来,人们观看喝彩,赞美胜者。"歌鸟"是以鸟为由,以歌为媒,男女青年对唱瑶歌,选择伴侣,自由恋爱,缔结良缘。在传统的鸟会下,那情意缠绵的歌声缭绕云端,成双成对的情侣笑逐颜开。

◇ **盘王节**

"盘王节"是瑶族最为盛大的节日,节日时间为农历十月十六日。但根据各地瑶族传统习俗和谷物收成、人畜康泰的情况而定,每三五年才过一次,甚至有的十二年过一次。

每逢"盘王节"，村寨房舍要打扫干净，男女老幼梳妆打扮，换上节日盛装，载歌载舞，尽欢而散。盘王节可以一家一户进行，也可以联户或同宗同族人集聚进行。但不管以哪种形式举办，都要杀牲祭祀，设宴款待亲友。节日一般为三天两夜，也有的长达七天七夜。

节日期间，瑶族人民杀鸡宰鸭，男女老少穿上节日盛装，汇集一起，首先祭祀盘王，唱盘王歌，跳黄泥鼓舞和长鼓舞，追念先祖功德，歌颂先祖英勇奋斗的精神。其次，欢庆丰收，酬谢盘王，尽情欢乐。与此同时，男女青年则开展对歌活动，抓住良机择意中人。有的地方还开展打花棍、放花炮及请戏班子唱戏等活动。

77

土家族有哪些重要的节日习俗？

◇ 赶年

赶年节或"提前过年"是土家族最隆重、祭祀活动最丰富、民族特色最浓厚的节日。汉族过年是腊月三十，土家族过年比汉族提前一天。若家里有亡人还要再提前一天过年，人们称之为"过赶年"。土家人过年时要在堂屋神龛下摆祭品，敬家神、祭祖先。

过赶年是土家族最重要的节日，是四川、湖南、湖北三省交界处的土家族人民纪念历史上出征抗倭的传统节日。1555年岁末，正当人们筹办年货，喜迎年节的时候，朝廷调兵抗倭的军令驰达湖南的永顺和保靖。土家族人民听说要出征抗倭，保家卫国，个个摩拳擦掌，斗志昂扬。为了尽快开赴抗倭前线，保靖、永顺的将士便提前一天过年，举行盟誓大典，发誓不打败倭寇决不还乡。从此，为了纪念这个光荣出征的日子，人们每年都提前一天过年，代代相传，成为今天土家族的过赶年。

节日期间，亲戚朋友要共进午餐，吃团圆饭。男女青年身披绚丽多彩的"西兰卡普"（土家锦），打着绣有龙凤的吉祥彩旗，抬上木鼓，在二胡、唢呐、牛角等乐器伴奏下，跳摆手舞。摆手舞是流行于土家族的舞蹈，常伴有诗歌，舞姿古朴、典雅、优美，包括狩猎、军事、农事、宴会等七十多套动作，形象鲜明，有显著的民族特点和浓郁的生活气息。参加摆手舞会的可达万人之多，场内外洋溢着节日的欢乐。

虽提前一天"赶年"，但土家人在一年最后一天的晚上还照样过除夕。有的地方是"初一拜家神，初二拜丈人，初三初四拜友邻"。除赶年之外，人们还开展各种文娱活动，如"玩龙灯""荡秋千""踩高跷"等。

78

土家族人与"虎"有什么渊源？

"惊蛰"这天，是土家族的"向虎日"。土家族与虎有很深的渊源：

传说土家族远祖廪君死后，魂魄化成了白虎，家家就祭虎。后来，土家族远祖迁徙到湘西来住，还是祭虎。有一年祭虎时，真的来了只白虎，它翻墙跳楼，东家窜，西家走，吃各家的供品，还咬圈里饲养的猪羊，甚至咬人。哪个若是与它相斗，它叫一声，就会叫拢一群白虎。这样，闹得山寨人畜不安，小孩伤亡。

土王出榜招募打虎勇士说："哪个能将窜走家堂的白虎射杀，赏黄金百两，封管'百户'大官。"好多打虎匠还是不敢揭榜，说那是只"神虎"，打不得。若是打着它，它叫一声就会叫来一群老虎咬人。

一天，一个名叫斑屯的土家后生揭了榜文。土王晓得斑屯的巴甫（土语：祖父）是个老打虎匠，因为打这只窜堂"神虎"丧了身，便问他："还敢去打，不怕吗？"他表示不怕。土王奖给了他铁弓毒箭，赐他三杯酒，为他饯行。

斑屯背上铁弓毒箭，在龙滚坡吞云洞与"神虎"相遇了。他拉开铁弓放出毒箭，向"神虎"射去。"神虎"用尾巴一扫，将毒箭扫开，龇牙咧嘴，长啸一声，山山虎啸，四面回应，震得地颤坡抖。眨眼间，虎群张牙舞爪，从八方扑来，幸亏斑屯事先找好离开吞云洞的退路，才免遭虎群的围攻和伤害。

晚上，巴甫给他托了个梦，告诉他：紫荆山太阳岩上有三根银荆竹，将它做成三支银竹箭；雷打坟坡顶上有三苑红铁杉，砍来扎成一座杉木楼，楼上点七盏白蜡灯。白"神虎"见了白蜡灯，就会扑上楼来。人伏在楼口，用一支银竹箭从口射进，穿破"神虎"喉咙，让它叫喊不成，接着再用一支银竹箭射"神虎"的脑门心，破掉头上那个虎王的"王"字，要它当不成"虎王"，再接着用一支银竹箭从"神虎"前胛腿两腿中射进去，射破它的心，它就四脚扑地。射倒了"神虎"，山寨也就安宁了。

斑屯醒来，按照巴甫梦中讲的去做，到紫荆山太阳岩上，真的砍来了三根银荆竹，削成了三支竹箭，又到雷打坟坡顶上，真的砍来了三苑红铁杉。他牢记巴甫嘱咐，搭好木楼，点好白蜡灯，守伏在楼口。"神虎"在夜里看见了灯，朝木楼扑了上来。他遵照巴甫讲的三箭射法，"神虎"叫也不叫一声，四脚趴在地上了。

斑屯从"神虎"身上抽下银竹箭，将"神虎"扛回山寨。山里的老虎见"神虎"被射死了，都从树林追了上来，要为"虎王"报仇。寨里的人惊惶起来，斑屯从身上箭袋抽出银竹箭往弓上一搭，老虎见银竹箭闪起道道白光，吓得四散而逃。寨里的人怕老虎又窜进屋来，家家就用白石灰，照着斑屯的弓箭，画了张弓箭在堂屋里。老虎望见了画的白弓箭，以为是斑屯射"神虎"的银竹箭，掉转头就跑了。斑屯扛"神虎"回寨这天是"惊蛰"节，所以，兴起了惊蛰节画箭射"白虎"的风习，代代相传至今。

184

79

黎族"三月三"是什么节日？

"三月三"是黎族人民的传统节日，也称"爱情节"，这是黎族人民悼念祖先、庆贺新生、赞美生活、歌颂英雄、歌颂爱情的传统佳节，因其在农历三月三日欢庆，故称"三月三"。

"三月三"源于黎族民间传说：

古时候，有一年洪水泛滥，淹没了高山和村寨，只剩下一男一女，男的名叫"肋杠法"，女的名叫"百观音"（有些地方把这一男一女叫"阿贵"和"阿贝"）。他们长大后，在某年的三月三，于燕窝岭的岩洞里成亲。婚后，他们朝出暮归，勤耕勤作，在昌化江畔挖水塘养鱼，还在燕窝岭下种植木棉、杧果和山楝子，并在半山腰开凿一个石洞居住，洞的上面便是悬崖陡壁，野兽不敢来侵犯，洞的下面峭壁万丈，山洪水涨也淹不到。每年三月三日，正是山花烂漫、红棉争艳、山楝双香的时候，他们便率领着子孙们一起载歌载舞，迎接春天的到来。后来不知过了多久，他们便死在山洞里，化成了观音石。

每年农历三月三，无论男女老少都盛装打扮，带着山兰米酒、竹筒香饭、粽子，成群结队汇聚到会合地点，以对歌、荡秋千、吹鼻箫、跳打柴舞、张弩射箭和粉枪射击等民间活动来欢度这个吉祥的盛日。

当夜晚来临，山坡上、河岸边，青年男女燃起熊熊篝火，姑娘们身着

185

艳丽的七彩衣裙,手戴各式镯头,小伙子腰扎红巾、手执花伞,开始欢庆活动,在节奏明快的乐曲声中,跳起了古老独特的竹竿舞、银铃双刀舞、槟榔舞、打柴舞、打猎舞等富有民族特色的传统舞蹈,歌声此起彼伏,通宵达旦。男女青年各坐一边,互相倾诉爱慕之情,如果双方感情融洽,就相互赠送信物。姑娘将亲手编织的七彩腰带系在小伙子腰间,小伙子则把耳铃穿在姑娘的耳朵上,或把鹿骨做的发钗插在姑娘的发髻上,相约来年的三月三再相会。

80

白族有哪些重要节日？

◇ **三月街**

三月街是白族人民盛大的节日和街期，每年夏历三月十五至二十日在云南大理城西点苍山中和峰麓举行。最初它带有宗教活动色彩，后来逐渐变为一个盛大的物资交流大会。大理三月街古称观音市，三月街形成集市是在唐永徽年间（650-655），距今已有一千三百多年的历史。

关于它的起源，有着不同的传说：

相传很早以前，洱海一带有一个罗刹魔王，每天要啄食三十多人的眼睛。观音菩萨看见白族人民受苦受难，便用法术斗倒魔王，把他缚在宫殿的大柱子上。为了纪念观音的善行，白族人民在观音菩萨下凡的夏历三月十五日这一天搭棚诵经，后来逐渐发展成为白族人民的传统节日。

还有一种传说是，洱海住着一个名叫阿善的渔民。有一天他驾船捕鱼网网皆空，便弹琴悲歌起来，哀怜的乐曲感动了洱海龙王的三公主阿香。她来到船上帮着撒网，每网都是满满的大鱼。在劳动中阿香表达了对阿善的爱慕之情。阿善将阿香带回家中建立了美满幸福的家庭。三月十五日，天上一年一度的"月亮街"街期到了，各种神仙齐会月宫。阿香变成一条金龙，驮着阿善也来到了月宫赶街。他俩见到"月亮街"上摆满了珍珠宝玉、云丹仙草等物品，惊喜万分。他们回到村里以后，向乡亲们说起天上月亮街的情形，大伙提出要把天上的月亮街搬到人间。从此每逢夏历三月十五日，人们便在点苍山脚下摆起街场来。

不管三月街的起因如何，在漫长的岁月中，三月街已成为白族人民一年一度的重大节日。今天的三月街已发展成为物资和文化交流的盛会。赶会的除白族以外，还有彝族、藏族、傈僳族、纳西族、怒族、回族和汉族。大理三月街热闹非凡，街上彩旗林立，帐篷相连，商品琳琅满目。人们穿着节日的盛装，潮水般涌到这里，挑选可心的用品，也带来自己的土特产品在市场上出售。最吸引顾客的民族特需用品专柜上，有白族妇女缝领褂用的丝光平线，白族姑娘们心爱的手镯、耳环、珠链、围腰链，藏族同胞喜欢的毡帽和酥油壶，纳西族、彝族需要的花边彩带等，丰富多样，应有尽有。

◇ 火把节

每年夏历六月二十五举行的火把节是白族的传统节日，在节日的当天，男女老少聚集一堂一块儿祭祖。通过拜火把、点火把、耍火把、跳火把等活动，预祝新的一年五谷丰登、六畜兴旺。节日前夕，全村同竖一根高 10-20 米的大火把。这些火把用松树作杆，上捆麦秆、松枝，顶端安一面旗。其中旗杆是用竹竿串联三个纸篾扎成的升斗，意为连升三级。每个升斗四周插着国泰民安、人寿年丰、风调雨顺、五谷丰登、六畜兴旺之类字画的小纸旗；升斗下面挂着火把梨、海棠果、花炮、灯具以及五彩旗。

火把节的中午，人们便带七小火把、纸钱、香烛、供品，到祖坟前进行扫墓、祭奠。小火把点燃后，撒三把松香熏墓，等火把燃到把杆后才可以回家。墓地如离家太远，则在家里祭祀。太阳落山前，各家各户都会提前把晚饭吃完，扶老携幼出门观赏火把和跑马。跑马的有大人，也有小孩，绕火把跑三圈后，才能向远处驰骋。不跑马的，就挨家挨户欣赏各家门前的火把，看谁家火把精致美观。在全村的大火把点燃之前，年轻的媳妇们还要打着伞，背上新生婴儿在火把下转三圈，以示祛邪得福。

夜幕降临时，村中老人领头献祭品，并向大火把叩头。几个勇敢矫健的小伙子，一个接一个地攀上高竖的大火把，将小火把逐人上传，将大火把点燃。霎时，烈焰腾空，鼓乐大作，鞭炮齐鸣，响彻云霄，场面十分壮观。当火把上悬挂升斗的竹竿被烧断时，人们便争相抢夺凌空飞下的升斗。抢到者将会被视为有福之人，同时还会受到大家的祝贺，被簇拥着回家，主人用烟、酒、茶来款待这些簇拥的人。下一年度大火把上的升斗即由抢得升斗的人备办。

火把节期间，最热闹的地方要算斗牛场了。斗牛不仅是一种文娱活动，也是选择良种牛的好方式，对农业、畜牧业生产有很积极的意义。比赛中谁的牛获胜，意味着该养牛青年是个勤劳的畜牧能手，也因此成为姑娘们选择配偶的好对象。斗牛前，各村寨要选出代表参加，并将挑选的膘肥体壮的牛牵到会场，群众身着节日盛装前来观看。

火把节期间另一项重要比赛是摔跤。参赛者身穿短裤，赤膊上阵。比赛开始时，参赛者会互相拥抱，以示友好。裁判员一声令下，参赛者便相扑角力，奋勇拼搏，最后以把对方摔倒至双肩着地为胜，比赛场面极为壮观。一处摔跤，八方相聚，盛装的群众从四面围观，欢呼喝彩。小伙子们背着大三弦，带着竹笛，姑娘们背着自己精心绣制的花挂包，赛前赛后，奏起欢乐的乐曲，跳起欢乐的舞蹈，使比赛充满热烈的气氛。

节日里的"选美"活动则独具风采。"选美"由一位德高望重的老年人任裁判。裁判宣布"选美"开始后，参加竞选的彝族姑娘就围成圆圈，后者拉着前者手中的花帕，边走边唱优美动人的民歌。小伙子们觉得哪位姑娘最健美，就把早已准备好的礼物交给裁判，请裁判转交给那位姑娘。哪位姑娘收到的礼物最多，就成为胜者。获胜的姑娘背着许多礼物走出会场时，亲朋好友还会围拢来表示祝贺。小伙子们更是围在姑娘的身边，叮叮咚咚地拨弹月琴，表述自己的心声。

火把节是青年男女交往选择配偶的良好机会。节日期间，他们共举火把为嬉，并欢聚于山间田野，举行篝火晚会。青年男女在篝火下弹唱，尽情歌舞，彻夜不息，从中寻求自己心爱的对象。

81

―

布依族最重要的节日是什么？

"六月六"是布依族人民的传统佳节，由于居住地区不同，过节的日期也不统一：有的地区六月初六过节，称为六月六；有的地区六月十六日或农历六月二十六日过年，称为六月街或六月桥。布依族人民十分重视这个节日，有"过小年"之称。

六月六是布依人共同的节日，但对节日的来源说法不同：

一种传说是，在人类早期，布依族始祖盘古会种水稻。若干年后盘古于六月初六去世，为了纪念他发明的水稻种植技术，确保五谷丰登，每年农历六月初六大家杀鸡宰猪，加以纪念，并用白纸做成三角形小旗，沾上鸡血或猪血插在庄稼地里，据说这样做蝗虫就不会来吃庄稼。

另有一说是布依族的祖先来自江西，因为江西的本族思念离去的亲人，派人四处寻找，直到六月初六这天才把亲人找到，本想将亲人带回江西团圆，但他们看到亲人们在这片新土地上丰衣足食，人丁兴旺，于是就打消了带回江西的念头，决定同他们安居乐业，开发山河，繁衍人烟。后来由于思念故乡与亲人，就定六月初六为祭祖日，追念祖先。

每当节日来临，各村落都要杀鸡宰猪，用白纸做成三角形的小旗，沾上鸡血或猪血，插在庄稼地里，传说这样做，"天马"（蝗虫）就不会来吃庄稼。节日的早晨，由本村寨几位德高望重的老人率领青壮年举行传统的祭盘古、扫寨赶"鬼"的活动。除参加祭祀的人外，其余男女老少，按布依族的习惯，都要穿上民族服装，带着糯米饭、鸡鸭鱼肉和水酒，到寨外山坡上"躲山"（当地汉族人民称为赶六月场）。祭祀后，由主祭人带领大家到各家扫寨驱"鬼"，而"躲山"群众则在寨外说古唱今，并有各种娱乐活动。

夕阳西斜时，"躲山"的群众一家一户席地而坐，揭开饭箩，取出香喷喷的美酒和饭菜，互相邀请做客。一直等到祭山神处响起"分肉了！分肉了！"的喊声，人们才选出身强力壮的人，分成四组，到祭山神处抬回四只牛腿，其余的人相携回到家中，随后各家派人到寨里领取祭山神的牛肉。

节日娱乐活动，以丢花包最为有趣。花包是用各种彩色花布做成，形似枕头，内装米糠、小豆或棉花籽。花包的边沿缀有花边和"耍须"。丢花包时，男女青年各站一边，相距数米，互相投掷。其方法有右侧掷、左侧掷和过顶掷，但不准横掷。要求甩得远、掷得快、接得牢。花包在空中飞来飞去，煞是好看。如果小伙子将花包向自己心爱的人投掷，没有过肩包就落地，姑娘便向对方送一件礼物，如项圈、戒指、手镯等物，所送之物，被视为爱情的信物，小伙子将长期保存。

82

傣族泼水节有哪些重要的节日礼仪？

泼水节是中国傣族、阿昌族、德昂族、布朗族、佤族等族少数民族的传统节日。傣语称新年为"京比迈"，泼水节为"厚南"，所以泼水节是傣历年新旧交替的标志。

泼水节的来历，传说不一，据说远古的时候，有个魔王作恶多端，人们都恨透了他，想了很多办法都没有杀死他。后来，魔王抢来七个姑娘做他的妻子。聪明的七姑娘从魔王口里打听到他的致命弱点，只要用魔王的头发勒住魔王的脖子，就能将他置于死地。七姑娘趁魔王熟睡时，拔下他的一缕头发，勒住他的脖子，魔王的头颅倏然落地，燃起一团大火。姑娘一抱起头颅，大火就熄灭了。为了避免大火燃烧，她和六个姐姐轮流抱住魔王的头，一年一换。每年换人的时候，人们都给抱头的姑娘泼水，冲去她身上的血污，洗去她一年的疲劳，为新的一年能消灾除难而祈祷，从此形成了送旧迎新的泼水节。

泼水节一般在公历四月中旬，傣历六月，为期三至五天。每逢节日，都要进行泼水、丢包、划龙舟、放高升、拜佛、赶摆等活动。节日第一天清晨，人们采来鲜花绿叶到佛寺供奉，并在寺院中堆沙造塔四五座，世俗众生围塔而坐，聆听佛爷念经，然后又将佛像抬到院中，全寨妇女担来清水为佛像洗尘。佛寺礼毕，青年男女退出互相泼水为戏，于是群众性的泼

193

水活动就开始了。人们用铜钵、脸盆或水桶盛水，拥出大街小巷，嬉戏追逐，逢人便泼。

民间认为，这是吉祥的水、祝福的水，可以消灾除病，所以人们尽情地泼，尽情地浇，不论泼者还是被泼者，虽然从头到脚全身湿透，但还是非常开心。只见一朵朵水花在人群中盛开，在阳光的映射下形成一道道彩虹，到处充满了欢声笑语。

除了泼水，还有群众性的歌舞活动。上至七八十岁的老人，下至七八岁的娃娃，都穿上节日盛装，来到村中广场，男女老少围成一圈，合着芒锣象脚鼓点翩翩起舞。有的跳"孔雀舞"，有的即兴而作，边唱边跳，动作优美，节奏鲜明，歌声动人。跳到兴高采烈时，或爆发"水、水、水"的欢呼，有的男子还边跳边饮酒。

节日期间，在宽阔的澜沧江上，人们还举行划龙船比赛。木船扎以彩花，被装扮成龙、孔雀、大鱼等形象，由数十男女青年奋力划桨前进，两岸观众如云，锣鼓声、喝彩声响彻云霄。比赛结束后，优胜者来到主席台前领奖并喝庆功酒。

83

彝族的火把节与白族的有什么不同?

火把节是中国少数民族彝族的传统节日，在每年的中国农历六月二十四日举行。

关于火把节的起源，在彝族流传着许多美丽的传说：

一种说法是，很早以前，天上有个大力士叫斯惹阿比，地上有个大力士叫阿体拉叭，两人都有拔山的力气。有一天，斯惹阿比要同阿体拉叭比武，即摔跤。可是阿体拉叭有急事要外出，临走时，他请母亲用一盘铁饼款待斯惹阿比。斯惹阿比认为阿体拉叭既然以铁饼为饭食，力气一定很大，便赶紧离开了。阿体拉叭回来后，听母亲说斯惹阿比刚刚离去，便追了上去，要和他进行摔跤比赛，结果斯惹阿比被摔死了。天神恩梯古兹知道了此事，当场震怒，派了大批蝗虫、螟虫来吃地上的庄稼。阿体拉叭便在农历六月二十四那一晚，砍来许多松树枝、野蒿枝扎成火把，率领人们点燃起来，到田里去烧虫。从此，彝族人民便把这天定为火把节。

另一种说法是很久以前，罗婺彝家有个漂亮能干的姑娘，与彝家小伙阿龙早就相爱了。但附近十二个部落的男子都纷纷前来提亲，其中有个土官老爷凶狠残暴地说，如果不答应，就要血洗山寨，让全寨遭殃。姑娘无奈，只好答应在六月二十四与之相亲。相亲期到，姑娘穿上雪白的衣服、黑色短褂，胸前系一块花围裙，烧起一大堆火。十二部的头人也赶来了。姑娘深情地看了阿龙一眼后，纵身跳入火堆中。阿龙和几个小伙子想拽住她，可只扯下了她的衣角。四面八方的人们赶来，可她已经以死殉情。为了纪念她，十二个小伙抬起大牛推向对方，以推倒为胜，之后，杀牛饮酒、唱歌跳舞。后来彝家就把六月二十四定为火把节，被阿龙扯下的衣角，成了彝家妇女的围腰带，那焚烧姑娘的青烟，化为山寨的晨雾。据说清晨喜鹊鸣叫时分，彝山的远处就影影绰绰地显出姑娘的身影，因此人们称她为"喜鹊姑娘"。

火把节一般都欢度三天，头一天合家欢聚，吃酒祝贺。人们把牲畜肉煮熟后切成块状，先祭祀神灵和祖先，然后再用来下酒。晚上燃火把四周照亮，一般持续三个晚上。人们以各自居住的村寨为单位，高举火把绕着村寨和田地行走，情绪十分热烈，火把犹如千条火龙腾飞，场面壮观。

第二天及第三天，火把节进入高潮。小伙子穿上民族盛装，缠着有英雄结的头帕，妇女们穿着百褶裙，聚集在广阔的草坝上，进行各种传统的体育竞赛。小伙子们进行摔跤、赛马、射箭比赛，妇女们则唱歌、跳舞、弹口弦琴。有的地区，节日期间要杀猪杀羊，祭祀他们信仰的神。人们认为火把可以驱鬼除邪，所以点燃火把后要挨家挨户去照燎，边走边在火上撒松香。

火把节的三天三夜，都各具特色，每个晚上吃过晚饭，首先由某一家开始点燃火把，然后人们就争先恐后地燃起火把往村外走，人们唱起火把歌，歌声随着火把的蔓延响彻山谷，随后按约定俗成的方向来到公共娱乐场地，他们将火把集中起来燃成一堆大火，全寨人围着火堆，快乐地跳舞游戏。

中国不仅彝族和白族过火把节，其他一些的少数民族如纳西族、傈僳族、拉祜族、基诺族也过火把节。

84

藏族人民有哪些重要节日？

◇ **雪顿节**

　　每年藏历七月一日是藏族人民的传统节日——雪顿节，为期四至五天，起源于十一世纪中叶。雪顿是藏语音译，意思是"酸奶宴"，于是雪顿节便被解释为喝酸奶的节日，后来逐渐演变成以演藏戏为主的节日，又称"藏戏节"。

　　关于节日由来有种种说法：一说是为了纪念藏戏之神铁桥活佛唐东结波大师；另一说是十七世纪前，按佛法戒律，喇嘛在夏季有数月禁止出门，说是怕踩伤大地的生物，至开禁日，喇嘛纷纷出寺，世俗百姓备酸奶犒劳僧人。这种形式经过演变就成为现在的雪顿节。

　　届时，拉萨居民身着鲜艳的节日服装，扶老携幼，带着酥油茶，提着酥油桶，前往罗布林卡。在繁茂的树荫下搭起帷幕，在绿茵上铺上地毯，摆上果品佳肴，席地而坐，边饮边谈，载歌载舞，观看藏戏，享受节日的欢乐。下午各家开始串帷幕做客，主人向来宾行"敬三口干一杯"的"松准聂塔"（酒礼），唱各种不同曲调的劝酒歌。歌罢，客人将酒三口饮完。敬酒声、祝福声、欢笑声经久不息。当晚霞满天之际，人们才恋恋不舍地离开罗布林卡。

　　十七世纪中叶，雪顿节的内容变得更丰富、热闹，尤以藏戏表演为主，与其他宗教和文娱活动相结合，故又称"藏戏节"，又因雪顿节以哲蚌寺为中心，故称为"哲蚌雪顿节"。十八世纪初，雪顿节活动中心从哲蚌寺转移到罗布林卡，允许百姓入园观看藏戏。

1959 年以后，雪顿节发展成为人民群众的传统节日，节日期间的重要活动有哲蚌晒佛、藏戏表演、逛罗布林卡等。节日期间，人山人海，林木间到处是帐篷、地席，藏族群众欢聚在这里喝着青稞酒、酥油茶以及酸奶，欣赏着藏戏等各种文艺节目。2006 年，雪顿节被列入第一批国家非物质文化遗产名录。

◇ 藏族新年

藏历年是根据藏历推算出来的，从藏历元月一日开始，到十五日结束，持续十五天。藏历正月初一为藏历新年，由于与农历算法不同，藏历新年和农历新年的日期不完全相同，一般会有四种情况：即藏历新年初一和农历大年初一完全重合、相差一天、相差一个月或相差一个月零一天。

藏族节日比较多，其中最具有全民族意义、最为隆重的要数藏历新年。藏历新年相当于汉族的春节，是一年最大的节庆。从藏历十二月中旬开始，成千上万的农牧民拥入拉萨城，准备过年吃、穿、用的节日用品。此时是拉萨一年中最为繁忙的季节。

藏族人民过年是从藏历十二月二十九日开始的。晚上，家家户户要团聚在一起吃"古突"（面团肉粥），以此辞旧迎新。一家人在欢声笑语中吃完九道"古突"后，举着火把，放起鞭炮，呼喊着"出来"，聚集在十字路口祈望给来年带来好运，求得太平康乐。

藏历除夕是个十分忙碌的日子。这天，藏族人民要打扫房舍卫生，然后把琪玛（五谷斗）、"卡赛"（油炸面食）、青稞酒、羊头、水果、茶叶、酥油、盐巴等摆放在正堂藏柜之上，在大门前用糌粑或白粉画上吉祥八图，预祝新年人畜两旺。各家都要在一个叫"竹素琪玛"的木斗内装酥油拌成的糌粑、炒麦粒、人参果等食品，上面插上青稞穗和酥油花彩板，预祝新年五谷丰登。

藏历大年初一这天，家庭主妇在五点钟左右就要煮一锅放有糌粑、红糖和奶渣的青稞酒，给每人送上一碗。若家人尚未起床，就在被窝里喝完这碗酒，继续蒙头睡觉。藏族人民在这一天还举行"抢水比赛"，每户要出一名青年人到河边、井口或自来水下"抢"头道水。据藏族传统，藏历初一谁抢到第一桶水，就有了"金水"，第二桶水被称为"银水"，预示着吉祥、幸运，财源滚滚。当太阳升起时，盛装的人们按长幼次序已吃完几道节日食品。那时，邻居间就要挨户端琪玛，敬青稞酒，高诵表示吉祥健康、幸福和睦的祝词。此后，全家会闭门欢聚。大年初一，许多信仰佛教的农牧民还要到拉萨的大昭寺进行朝拜，祈求来年平安健康、风调雨顺。

到了藏历大年初二，人们开始走亲访友，大街小巷热闹起来，也成了人们展示新年时装的时刻，到处都是"洛萨（新年）扎西德勒"的祝福声。

藏历大年初三的活动则以宗教、文体内容为主，年轻人在房顶和山顶上插五彩经幡，以祈福禳灾，在转经路上、房顶上弥漫着浓浓的烟。而广大农牧区还将举行新马驮鞍仪式、赛马、拔河、投掷等丰富多彩的娱乐活动。

85

蒙古族的那达慕大会是怎样庆祝的？

那达慕大会是蒙古族历史悠久的传统节日，在蒙古族人民生活中占有重要地位。那达慕在蒙古语中有"娱乐"或"欢聚"的意思，是蒙古族传统的群众性娱乐活动。据考证，那达慕始于十三世纪的成吉思汗时代，一般在每年的七八月份举行，那时正值草原上水草丰美、牛羊肥壮之际。

那达慕大会一般一年一度，节期视规模而定，每次一至三日，或五至七天不等。规模也大小不一，大则全国、自治区，小则县、乡，甚至个人也可以组织。过去只是在蒙古大草原上举行，现在居住在北京、沈阳、哈尔滨等各大中城市的蒙古族人民也举行那达慕大会，届时男女老少身着盛装，骑马乘车，带上蒙古包，从远近各地赶来参加。

过去的那达慕，是祭祖和娱乐两者兼有的活动，摔跤、射箭和赛马是那达慕必有的三项游戏，俗称"男子三项那达慕"。新中国成立前，那达慕为王公、牧主、喇嘛、奸商所控制，成为他们寻欢作乐、盘剥人民的场所。现在的那达慕，祭祖内容渐趋减弱，发展成为群众性的文化娱乐。除传统的三项游戏外，还有棋艺、拔河、歌舞、影片放映、图片展览及科技推广等内容。

摔跤是那达慕的重要项目，按蒙古族传统习俗，摔跤运动员不受地区、体重的限制，采用淘汰制，一跤定胜负。比赛前先推一族中的长者对参赛运动员进行编排和配对，蒙古长调"摔跤手歌"唱过三遍之后，摔跤手挥舞双臂、跳着鹰舞入场，向主席台行礼，顺时针旋转一圈，然后由裁判员发令，比赛双方握手致意后比赛开始，膝盖以上任何部位着地者为负，每个参赛运动员都有奖。

每次那达慕大会都要举行赛马、射箭等活动。赛马分速度赛马（跑马）、走马、颠马三种。参加者有时全是少年，有时不分年龄，具有广泛的群众性。蒙古族射箭则分静射和骑射两种。静射时，射手立地，待裁判发令后，放箭射向箭靶，优者为胜；骑射时，射手骑马上，在马跑动中发箭，优者为胜。

那达慕大会既是娱乐活动，又是农牧物资交易会。除了工业和农副产品外，还有具有民族特色的饮食，如牛羊肉及其熏干制品、奶酪、奶干、奶油、奶疙瘩、奶豆腐、酸奶。人们还可在茶摊、饭馆喝到酥油奶茶，吃到"全羊"佳肴。

86

佤族人民为什么庆祝"新米节"?

佤族是一个以农业生产为主的民族,过去生产力水平低下,抵御自然灾害的能力比较弱。因此,围绕农业生产形成了很多敬神祈福的祭祀性活动,有的风俗活动逐渐固定了下来,发展成为节日,"新米节"便是其中之一。

"新米节"是稻谷成熟,品尝新米的节日。由于气候的差异,各地谷物成熟的时间不同,因而各地区、各村寨甚至每家每户过节的时间也不尽相同,一般多在佤历九十月份(农历七八月份)进行。日期的确定,一是根据各自粮食的成熟情况选择吉日;二是以父母或祖父母去世的属相之日为最佳,意在请他们的灵魂回来,与家人一起品尝新米,共享欢乐,并请他们保佑子孙后代家庭幸福、风调雨顺、粮食丰收。

节日这天,主人早早起床,准备好过节的酒肉佳肴,然后到田里去采割新谷,将割回来的一束谷子挂在门上,表示招谷魂进家,其余的搓下谷粒,用铁锅微火焙干,舂出新米,做成米饭。接下来就是举行家祭仪式:盛一碗新米饭,与各种菜肴一起摆于神台之上,请巫师念咒语,祭祀谷神,敬献祖先。仪式结束后,以巫师和老人为首,全家人喜尝新米。之后,主人才打开家门,把自家过节的消息告知邻里乡亲们,于是人们纷纷携带各种礼物前来祝贺。主人则杀鸡、宰猪,甚至剖牛待客,大家欢歌笑语,共同分享着丰收的喜悦。

为了让各地佤族同胞能够共同欢度新米节，1991年，沧源佤族自治县和西盟佤族自治县联合决定，把每年的农历八月十四日定为佤族的"新米节"。

87

怒族有哪些重要的传统节日？

　　仙女节是云南省贡山一带怒族人民的民间传统节日，当地又称"鲜花节"，在每年农历的三月十五日举行。届时，以各村寨为单位，选择有钟乳石的山洞为仙女洞，人们纷纷带上祭祀用品前去祭祀。这时候，也是当地杜鹃花盛开的季节，人们还要为"仙女"献上一束束杜鹃花。

　　相传人们凭吊的这位仙女，是吉木得村一位名叫阿茸的美丽姑娘。她发明了飞跨怒江的竹篾溜索，还在高黎贡山上为人们引出了甘甜的泉水，后来她为了逃避头人的逼婚强娶，藏身洞里，最终变成了一尊石像。

　　祭祀时，要点起松烟，并由主祭者念祝词，还要打鼓诵经，随后大家磕头，祈求仙女保佑。祭祀结束后，各家各户设宴饮酒，青年男女则身穿节日盛装，前往一个空旷的地方进行射箭比赛。同时，村里还举办各种物资交流集会，吸引当地群众前来购买。

88

水族有哪些重要的节日？

水族有许多的传统节日，主要有端节、卯节、荐节、敬霞节、苏宁喜节等，其中最隆重的当推"端节"。端节，又叫瓜节，水族人称其为"借端"，"借"就是水语"吃"的意思，是贵州省三都水族自治县、独山、都匀、荔波等地的绝大多数水族地区的节日，与汉族的春节相似。

水族有自己的历法，"端节"是以水书水历推算出来的，为水历十二月至次年二月（相当于农历八月到十月）。每逢亥（猪）日，各地根据传统分批过节，时值大季收割、小季播种，就是水历的年末岁首，因此也是辞旧迎新、庆贺丰收、祭祀祖先的盛大节日。在水族中，有"过端不过卯，过卯不过端"的传统，而且各地区过节的先后次序是不能颠倒和混淆的。关于这种风俗，有一个较一致的传说，古代水族的祖公拱登有两个儿子，哥哥被分住到上边内外套地区，弟弟被分住到下边的九阡地区。二人原先约定好，丰收后到祖公处团聚庆祝，后来感到相距路远，往来不便，就决定哥哥过端节，弟弟过卯节。时至今日，各地水族基本上是同宗同姓的一块儿过节。

端节之前，家家洒扫庭院，将居室内外收拾得干干净净。节日的前一天，过节村寨敲响铜鼓，辞旧迎新。节日里杀鸡宰鸭吃新谷，并要以鲜鱼炖汤，准备好新米鲜汤招待亲朋好友。除夕（戌日晚）和初一（亥日晨）祭祖。

祭品忌荤但不忌鱼，祭祖的主品是鱼包韭菜，原因是传说先人们曾以九种菜和鱼虾做成的药驱除过百病。它的做法是将韭菜、辣椒及葱、姜、蒜等调味品填进洗好的鱼腹内，捆扎后清炖或清蒸而成。端节时，青年男女在"端坡"周围奏乐歌舞，而且还举行斗牛、赛马、放映电影、亲友欢聚会餐、文艺演出等活动，庆祝佳节。

89

侗族人民是怎样庆祝"花炮节"的?

侗族最为热闹的节日是一年一次的花炮节。花炮节已有一百多年的历史。据说在清朝光绪初年,广西三江县的富禄是一个木材集中地和商业点,该地的商人们为了生意兴隆,便在每年三月初三燃放花炮招徕顾客。年复一年的沿袭,便形成了传统的花炮节。

花炮节的日期各地不同,以广西北部三江侗族自治县为例,程阳在正月初三,梅林在二月初二,富禄在二月初三,林溪在十月十六。节日的前一两天,远处的亲友们便来到聚会地点,住在亲友家准备迎接欢庆时刻的到来。

节日清晨,村村寨寨一片欢腾,行人熙熙攘攘,川流不息。人们打扮得漂漂亮亮,姑娘们穿上绣花新衣,佩戴着银光闪闪的首饰,小伙子们身穿黑上衣白长裤,扎着绑腿,神采飞扬。在节日的聚会场所,人们插上彩旗,搭上戏台,唢呐声声,锣鼓阵阵,文艺工作者和民间歌手们在这儿演唱侗族人民爱听的侗戏。此外,还有各种货摊摆满了村头巷尾。附近各族人们纷纷前来助兴,使花炮节更为热闹。花炮节的主要活动是放花炮,花炮用铁筒制成,筒内装着火药和一个用红绿线缠裹着的象征幸福的小铁圈。花炮共放三次,分为头炮、二炮、三炮。每放一炮,随着轰隆的一声响,铁圈借助火药的冲力飞向天空,围观的人群中便爆发出一阵欢呼声。铁圈从空中掉到地上，早就盼着抢到铁圈的小伙子们便会像开闸的洪水涌去，争抢那象征幸福吉祥、事事如意的铁圈。抢到铁圈的优胜者，由老人们颁发镜屏和彩礼，并受到人们的尊重。之后还举行各种文体娱乐活动。各村各寨的芦笙队，吹着高达几米甚至几十米的大芦笙和各种精巧别致的小芦笙进行比赛。男女青年们有的比赛射击，有的唱歌跳舞，有的则对唱山歌互诉衷情。而中老年人，或喝酒或听戏，或斗鸟或下棋，自寻乐趣。此时的侗家山寨处处是歌声，处处是欢乐。

此外，花炮节还有热闹的物资交流活动。入夜以后侗家山寨灯火辉映，欢乐的人们仍然兴高采烈地看侗戏、彩调剧和电影。座座木楼传出悠扬动听的"多耶"（侗族的一种民歌）声、琵琶声，别有一番情趣。

90

壮族节日为什么总跟唱歌有关？

广西壮族以善于唱歌著称。农历三月三又称"三月三歌节"或"三月歌圩"，是壮族的传统歌节。壮族每年有数次定期的民歌集会，如正月十五、三月三、四月八、八月十五等，其中以三月三最为隆重。

"歌圩"是壮族群众在特定时间、地点举行的节日性聚会歌唱活动，壮语称为"圩欢""圩逢""笼峒""窝坡"等。歌圩在壮族地区有不同的称谓，但均有"坡地上聚会""坡场上会歌"或"欢乐的节日"的意思。它是壮族民间传统文化活动，也是男女青年进行社交的场所，由于这种活动相互酬唱，彼此对歌，所以古人称之为"墩圩"。

据古代文献的记载，歌圩早在宋代就已经流行。南宋周去非的《岭外代答》载，壮人"迭相歌和，含情凄婉，皆临机自撰，不肯蹈袭，其间乃有绝佳者"。这里所说的就是男女青年聚会的歌圩。到了明代，歌圩又有了发展，并定期在固定地点举行。

歌圩源于氏族部落时代祭祀性的歌舞活动，随着社会的发展，这种原始仪式性的群体歌舞由"娱神"向"娱人"过渡，从"舞化"朝"歌化"发展，从而形成了群体性酬唱的歌圩活动。歌圩具有特别的象征性和凝聚力，对壮族的每个成员、每个家庭都有影响。

三月三这一天，家家户户做五色糯饭，染彩色蛋，欢度节日。歌节一般每次持续两三天，地点在离村不远的空地上，用竹子和布匹搭成歌棚，接待外村歌手。对歌以未婚男女青年为主体，但老人小孩都来旁观助兴。小的歌圩有一二千人，大的歌圩可达数万人之多。

在歌圩旁边，摊贩云集，民贸活跃，附近的群众为来赶歌圩的人提供住食，无论相识与否，都热情接待。一个较大的歌圩，方圆几十里的男女青年都前来参加，人山人海，歌声此起彼伏，煞是热闹。田阳县的乔业是较大的歌圩。人们到歌圩场上赛歌、赏歌，男女青年通过对歌相互认识，如果双方情投意合，就互赠信物，以为定情。

此外，还有抛绣球、碰彩蛋等有趣的活动。抛绣球主要是娱乐，也作定情信物。姑娘看中某个小伙子时，就把绣球抛给他。碰彩蛋则是互相取乐承欢，亦有定情之意。

歌节是民贸的盛会，也是弘扬民族文化的盛会。1985 年，广西壮族自治区人民政府将三月三定为广西的民族艺术节。

91

苗族人民也过年吗？

苗年，苗语称"能酿"，是苗族人民最隆重的传统节日，盛行于贵州东南和广西的苗族聚居区。过苗年的日期，各地不尽相同，但都是在收谷子进仓以后，即分别为农历的九、十或十一月的辰（龙）日、卯（兔）日或丑（牛）日举行，一般来说以农历十一月三十为除夕、次日为过年的居多。

过苗年的头几天，家家户户都要把房子打扫干净，积极准备年货，如打糯米粑、酿米酒、打豆腐、发豆芽，一般还要杀猪或头猪肉等。富裕的人家还要做香肠和血豆腐，为家人缝做新衣服等。在苗年三十的晚上，全家都要在家吃年饭，守岁到午夜时才打开大门放鞭炮，表示迎接龙进家。在天刚拂晓时，每家都由长辈在家主持祭祖。早餐后，中青年男子便上邻居家拜年，苗语称为"对仰"，表示祝贺新年快乐。在新年的头两天，家里有若干禁忌，如不出外挑水，不上山砍柴、割草，不扫地，不做针线活；有的地区，妇女不做饭，男人不外出拾粪等。苗乡的男婚女嫁，一般都选在过苗年的时间。

苗年的民俗活动很丰富，主要有祭祀祖先，吹芦笙踩堂，走寨结同年。芦笙踩堂在本寨芦笙堂举行，男吹女踩，男女都参加。先由小芦笙手吹出一阵短促的笙曲，接着大小芦笙手一起吹奏，姑娘们则穿着百鸟衣，戴着银首饰、银花冠翩翩起舞。银佩的脆响和着笙歌，交织成节日动人的旋律。

走寨结同年也是苗年期间重要的民俗活动。每到苗年，寨与寨之间便互为客主，互结同年。全村男女几十人或上百人，带上芦笙，穿上节日盛装，敲锣打鼓到同年村进行联欢活动。进村前以三曲笙歌告知主人，主人则带领全村男女出村迎接，然后在芦笙堂再次吹奏芦笙及踩堂作为进村仪式，主人也以吹芦笙踩堂还礼。礼毕邀客人至各家款待，客人一般住三天，白天吹芦笙踩堂，进行芦笙比赛，晚上演苗戏。未婚青年男女在此期间进行"坐妹"对歌的社交活动，追寻自己的意中人。

92

朝鲜族"五谷祭"是怎么来的?

朝鲜族在一年中有许多的惯例活动。所谓惯例活动,就是指在一年十二个月中,按照月令的顺序所进行的活动。正月是一年的起点,因此,这个月的惯例活动相对就多一些。其中之一就是五谷祭。

关于五谷祭的由来,在民间流传着这样一个传说:

传说在很久以前,有一个国王在正月十五这一天出去打猎,猎取野兽回来祭告天神,好驱除这一年的灾祸。当国王乘御辇走到一个山谷时,忽然道上出现两只有小狗那么大的野鼠,在格斗着。国王的马前卒走上前去,要驱赶这两个小东西,但两只野鼠却依旧在那里只管撕咬。国王问起了原委,小卒便向国王奏述了一番。国王听了,命令停下御辇,说:"看来这是不祥之兆,你把野鼠厮打的事弄清再告诉我。"说也奇怪,御辇一停,两只野鼠却跑掉了。马前卒跟去一看,野鼠忽然变成了两只野猪,又厮打起来。马前卒急忙禀告了国王。国王更觉得奇怪,命他再跟去看个究竟。马前卒凑近一看,刚才还打得你死我活的野猪,一眨眼工夫就无影无踪了,只见平地飞起一只乌鸦,"嘎——嘎——"地哭叫着。马前卒又回禀了国王,国王更觉得离奇,吩咐他继续跟随乌鸦。马前卒尾随乌鸦向前跑去,乌鸦向山涧飞去,涧下景色秀丽,一潭湖水,清澈明亮。乌鸦盘旋在湖面上,"嘎——嘎——"地叫上两三声,便烟雾般地消失了。

随即，幽静的湖水顿时摇晃起来，湖水开裂处有一位白发老翁拄着仙杖缓步走了过来。马前卒慌忙向老翁跪下，老翁从大袖筒里拿出一封书简递给他说："快把这封书简奉献给国王！"

马前卒答应着接过书简，白发老翁立刻不见了，湖水重又平静下来。

马前卒捧着书简赶忙返回来，恭恭敬敬地把它放在玉盘上奉献给国王，并且禀报了刚才发生的事情。

国王接过书简一看，封皮上工整地写着："拆见二人死，不拆一人亡"十个大字，国王当即叫来百官，同左右商量起来。国王说：'封皮上明明写着'拆见二人死，不拆一人亡'，看来横竖要死人的，既然要死人，那么，死一个总比死两个要好些，所以，还是不启封为好。"

有个大臣进谏说："所谓一人，乃是天下第一人，便是国王，所谓二人，乃是诸臣，所以还是启封为好。"

国王听了，也觉得有道理，当即拆开书简。只见书简里一块白布上写着十二个黑字："速即返回宫廷，箭射王妃琴匣！"

国王很是纳闷，又怕违抗神命，于是忙掉转御辇，赶紧往都城赶去。

国王回到王宫，对三个神弓手下令，箭射王妃的琴匣。射箭的人力大无比，那箭法自不必说。他们拉起弓弦就像是三轮满月，只听"嗖、嗖、嗖"，三箭齐发，箭箭射穿王妃的琴匣。只听得琴匣里"哎——哟"一声惨叫，从箭洞里流出淋淋鲜血。国王和众臣惊诧异常。国王下令立刻揭开琴匣，只见里边躺着一个人，他的头、腰和腿都中了箭。国王一下子明白了王妃肮脏卑劣的勾当，不禁勃然大怒，叫人把王妃拖出来，拷打之下，王妃只得如实招供了。

原来，王妃乘国王出宫之机，与人密谋加害国王，国王突然返宫，她见势不妙，便将其藏匿在琴匣里。

最后，国王命令处死了王妃。由于有乌鸦的指引，国王才避免了灾祸。

为了报恩，每年正月十五这一天，国王便摆设祭坛，祭祀乌鸦。

祭祀乌鸦，就得把乌鸦喜欢吃的粮食供在祭坛里，可是国王不清楚乌鸦喜欢吃什么，便召众臣问话。有个大臣说自己儿时看见过乌鸦吃糜子，还有个大臣说曾看见乌鸦吃的是小豆，有的大臣说乌鸦喜欢吃黄米，有的说喜欢吃高粱，有的说喜欢吃江米。由于众说不一，国王听了，还是闹不清楚。他想：用众臣说的五种粮食做成饭供上，乌鸦自然会挑着吃。

于是就命令做五谷饭，命名为"乌哭祭"（五谷在朝鲜语中与乌鸦是谐音）。又因国王跟着乌鸦的哭声而去，从而使得国家消除隐患，于是就把"乌哭祭"定为国祭。

乌哭祭在民间流传的过程中，逐渐又演变成五谷祭，变成了吃五谷饭的风俗。农家在这一天，用江米、糜子、大黄米、高粱、小豆等五种粮食做饭吃，然后匀出一点五谷饭放在牛跟前让它吃。牛先吃哪种粮，这一年就种哪种庄稼。据说这样做，就可以获得丰收。

这个风俗一直流传到现在。

正月十五这天一早，人们在自家搞完了"卖暑"（为防止夏季受暑而进行的活动）、"咬疖子"（为防止身上长脓疮泡疖而举行的咬栗子活动）和"开耳酒"（为防止耳聋而举行的喝酒活动）之后，再吃一顿用五谷煮成的饭，这就叫"五谷祭"，又叫"乌忌之日"（即祭祀乌鸦），也称作"射琴匣"。

93

哈尼族有哪些重要的节日？

哈尼族的主要节日是祭龙节，时间在农历二月初二，以村为单位举行祭龙游寨活动。走在游行队伍最前的是彩纸糊的龙头，接着是由男女青年簇拥着的由小伙子装扮的姑娘，跟在后面的是哈尼群众。他们敲着铓锣、牛皮鼓，吹着巴乌，弹着四弦琴在村寨周游。

关于这个节日，流传着一个广为哈尼族人民传诵的传说：

很久以前，哈尼人从远方迁徙到哀牢山定居时，这里住着个叫奢得阿窝的山魔，它还有一些由虎、豹、豺狗修炼成的妖怪陪伴。山魔经常带着这一群妖怪化装成人窜到哈尼村寨，毁坏庄稼房屋，咬死人畜，还常常抢小孩当食物，闹得满寨鸡犬不宁。天长日久，哈尼人的小孩被山魔害得所剩无几，眼看就要后继无人。这时，人们委托和山魔有来往的咪谷跟奢得阿窝说情，求他不要再来抢小孩。山魔提出每年农历二月初一送他一个姑娘做媳妇的要求。哈尼人委曲求全，被迫答应了条件。年复一年，哈尼人失去了许多天真活泼的姑娘。有个叫碑娘的寡妇，她有三个孩子，老大日则、老二努嘎都是男孩，老三梅霜是个才满十六岁的姑娘。

这年轮到碑娘家送姑娘，全家都很伤心，妈妈和两个哥哥怎样都不同意梅霜去送死。随着限期来临，碑娘的几个孩子要求去杀死山魔，为姑娘们报仇。碑娘找乡亲们仔细商量后，于羊日这天，日则和努嘎装扮成两个漂亮的姑娘，乡亲们抬着他们和酒菜等祭品送往山魔盘踞的山洞。山魔瞧见人们今年仍然按时执行诺言，并多送来一个姑娘，显得格外高兴，马上打发他们回寨。接着，两个"姑娘"假装出逗山魔喜欢的样子，摆宴劝他喝酒作乐，故意将其灌醉。待山魔大醉时，他们施展巧计，及时探得山魔致命的秘密。晚上，两个"姑娘"趁山魔酒醉熟睡之时，迅速拔下它心窝上的白毛。山魔一声惊叫，忽地坐起，可是因它的筋骨已经酥软，又马上倒下。"姑娘"立即拔出随身尖刀，杀死山魔，为哈尼人除掉了祸根。这时，躲在洞口外的乡亲们也出手相助，里应外合，一举消灭了其他小妖。

二月初二（龙日）早晨，乡亲们听到这个喜讯便敲着牛皮鼓，吹着巴乌，弹起四弦琴，唱起哈尼歌走出寨子，热烈地迎接日则和努嘎两位英雄的胜利归来。后来，为了永远庆祝两个英雄为民除害的重大胜利，哈尼人便在龙日这天，选两个小伙子装扮成姑娘，在乡亲们的簇拥下，敲锣打鼓，游村串寨，后演变为节日，一直流传到今天。

节日这天，由龙头儿通知全寨各户备足第二天吃用的水。当天清晨，由几位未婚男青年淘洗水井，人们到井边献饭、祷告。寨子进出路口还要插上篾子编的小竹排，外寨人不得进入寨内踩节，同时表示避免寨龙出寨，防止外龙入寨干扰，给人带来灾难。

哈尼族祖先认为不能得罪龙，而祭了龙就会风调雨顺，年年丰收。因此，代代祭龙，年年祭龙，相沿成习，便形成了"祭龙节"。

94

一

达斡尔族药泉会与端午节有什么渊源？

每年农历五月初五端午节这一天，黑龙江省德都县德都药泉山一带的人们，都按着古老风俗过药泉会。药泉会于农历每年五月初五开始，延续一个月。

关于药泉会，有一个动人的传说。

一年端午节前夕（五月初四），牧民卡拉桑白音，因为反抗牧主的欺压，被吊在马棚毒打到半夜，直至奄奄一息，牧主才罢手回屋。这时女牧民阿美其格牵出一匹快马，卸下卡拉桑白音，驮在马上一同逃走了。牧主听见狗叫，便骑马追赶，中途阿美其格被牧主用毒箭射伤了腿。借助森林的掩护，他们终于逃出了魔掌。但是箭毒发作了，阿美其格还是晕了过去，两人一齐掉下马来。

早晨（五月初五）的冷露打醒了卡拉桑白音。他渴得厉害，想喝水。在这片蒿草没人的草地，上哪儿去找水呀！正在四下张望之时，眼见从西边山坡上下来一只受伤的小鹿，一瘸一拐地奔来。原来小鹿后腿也受了伤，流着血。小鹿走到他俩东边不远的地方站住了，这里有一个水坑。小鹿伸着脖子喝起水来，喝饱了又跳进水坑洗身子。过了一会儿，小鹿便又跳又蹦地跑了。卡拉桑白音甚为惊异，这是什么水呢？他疑惑地来到水坑边。水坑不大，从底下往上翻花冒泡。原来这是个泉子（就是现在的南饮泉）。

他喝口泉水，凉彻肺腑，精神大振，伤口也不觉得疼了。

他急忙跑去把阿美其格抱来，拔下毒箭饮了泉水。不一会儿，阿美其格苏醒了，两人一齐进到泉水里洗起来，箭毒全消，伤口痊愈。

为了纪念这个地方，两个人在泉子旁堆起一个高高的石头堆。

从此，牧民们都在端午节这天来这里喝药泉水治病。"药泉会"就是这样来的。现在药泉山下还有这一对情人的塑像呢！

这天人们要穿着新衣服，备足酒肉，扶老携幼，赶着勒勒车，云集到药泉山下，支车搭篷，作为"家舍"。人们在此每日先饮药泉水，再登药泉山，临走时，还要在泉子边或在山上扔一块石头，表示"把病扔掉了"。节日期间，人们吃的饭菜也和平时不一样，常吃粽子、煮鸡蛋和肉馅的白面饺子。

现在药泉会集会的场所是药泉山下的药泉湖边，即包括药泉湖、南饮泉、北饮泉、翻花泉和二龙眼泉等周边开阔地，这些都是各民族几百年来欢度盛会选占的最好场地。为占到好位置，达斡尔族人赶着大轱辘车，蒙古族人赶着勒勒车，鄂伦春族人和鄂温克族人骑着骏马，汉族人和满族人乘车、骑马，提前数日来到这里，荒凉的五大连池也立马热闹了起来。很快，人们会在草地上搭起圆锥形的撮罗子（鄂温克族、鄂伦春族人的"仙人柱"）、穹庐似的蒙古包以及各种草苫的窝棚。达斡尔人的住房最具特色，"介"字形草房，东西各有一处高大烟囱。

药泉会的活动可以说是丰富多彩。药泉会的第一个仪式就是达斡尔族、蒙古族的祭敖包，鄂伦春族、鄂温克族、满族的祭山神，这是一种自然崇拜的仪式。"敖包"，在蒙古语中意为堆子，也就是由人工堆成的石头堆。敖包在蒙古族、达斡尔族牧民心目中，象征神在其位。他们在药泉湖边或山丘上选择一个宽敞明亮的地方，堆起石堆，杀牛宰羊，摆上供物，由萨满主持，祈祷风调雨顺，牲畜发展，人丁兴旺，感谢神灵所赐神水。礼毕，人们围坐在一起，喝马奶酒、吃手把肉、奶食等，并举行赛马、射箭、摔跤等文体活动。鄂伦春族人除了到泉边洒酒投肉、祈祷河神"穆都里罕"外，还要到山林中祭祀山神"白那恰"，祈祷神灵保佑。

鄂温克族人也有"祭敖包"习俗，众人相聚泉边，为敖包添石插枝，系彩结绸，杀牛宰羊献祭神灵。满族人也借此祭祀雨神、河神。

达斡尔族、蒙古族、鄂伦春族、鄂温克族、满族都是能歌善舞的民族。傍晚，各族民众会围在篝火旁载歌载舞，达斡尔族的"鲁日格勒"舞、鄂温克族的"努该勒"舞、达斡尔族即兴演唱的"扎恩达勒"民歌、鄂伦春族人即兴演唱的"吕日格仁"都是篝火晚会上的必演节目。

端午节子夜时分的"抢子夜水"仪式是节庆活动的高潮。歌舞至初五凌晨时分，人们都会拥向泉边，用木制长把水勺舀泉水痛饮，同时互敬泉水，互祝健康，祈祷所有人幸福安康。

95

仡佬族为什么有吃虫节？

中国一些少数民族有食用昆虫的习俗。对于他们来说，"吃虫"不仅有助于改变口味和增加食物品种，而且可以大量消灭对农业生产有害的昆虫。比如居住在贵州省的仡佬族，不但有食虫之习，而且还专门设有名为"吃虫"的节日。

传说古时候，仡佬山虫灾连年，五谷歉收。人们面对虫灾无可奈何。寨老们经过商议，悬下重赏：谁能除掉虫害，赏三头肥猪。红榜一出，首先是公鸡前来揭榜，它说："我起得最早，我能除掉害虫。"谁知，公鸡到了田里，没吃到几个虫子，就被露水打湿了羽毛，打着哆嗦败下阵来。接下来，鸭子揭榜，它说："我的羽毛不怕水，我的嘴也大，一定可以消除虫害。"可是，鸭子在水里游，害虫在禾苗上飞，它脖子伸得很长，就是吃不到几只虫子。最后，一个道士揭榜，他说："我的法术可以治虫害。"他奋力施法，只是虫子哪里听得懂法咒，道士也败下阵来。

眼看一年的收成又要给害虫吃掉了，人们更加着急。这时，也就是六月初二这一天，有个叫甲娘的穷人忽然有了意外发现。她从外乡回娘家，没有带礼物，心里很难过。她边走边想，可是怎么也想不出办法来。当走到自家的田垌时，她愁得走不动了，就坐在田坎上休息。几个孩子见妈妈不走了，就跑到田里捉虫子玩，一下子捉了好几包。甲娘见了，突然想到，就用虫子做礼物吧。于是，她把虫子带回家，炒了给大家吃，大家都觉得清香可口。昆虫可食这个发现一下子就传开了，人们争着捉虫子吃，害虫数量也因此大减，那年也取得了大丰收。寨老们赏了甲娘三头肥猪，甲娘把猪杀了分给大家。后来，甲娘死了，人们在田垌中间立庙，纪念甲娘，这座庙后来就叫"吃虫庙"。

从那以后，每年六月初二，仡佬族各村各寨都要杀猪过吃虫节。这一天，村上出嫁的姑娘都要回娘家，并且一路走一路捉虫。吃过晚饭后，人们都聚集到吃虫庙唱歌跳舞，然后排成长队到田垌，边走边捉虫，还插洒有鸡血的小白旗，为向害虫示威，也是对甲娘的纪念。

过吃虫节时，家家都要买肉置酒，村寨里的男女老少都要到田里捉虫，捉完虫之后带回家里做成各种应时小吃，与酒肉同食。每年农历六月初二，是仡佬族的吃虫节。饭桌上摆上几碟别具风味的菜肴，如油蝗虫、酸蚂蚱、糖炒蝶蛹等，全家人团团围坐，家长说一声："吃，嚼它个粉身碎骨，吃它个断子绝孙。"随即，一家人就一齐举筷，痛痛快快地吃起来。这就是仡佬族过吃虫节的场景。

关于吃虫节的来历已经没有明确的史书记载了，也许是因为虫子吃农作物，影响收成的情况比较多，于是逐渐形成了捉虫吃虫灭灾的习俗。虽然单纯靠人捉虫灭灾，效果是十分有限的，但这种活动确实表达了人们的一种愿望。人们通过这种食俗活动，大大地开拓了人类食品来源的领域。特别是近些年来，很多专家发现昆虫不仅含有很丰富的蛋白质，而且蛋白纤维很少，容易被人体吸收，应该加以开拓。